K.G. りぶれっと No.22

学生たちは国境を越える

——国連学生ボランティアプログラム／国連情報技術サービス（UNITeS）の挑戦

大江瑞絵　高畑由起夫［編］

関西学院大学出版会

はじめに　国連ボランティア計画（ＵＮＶ）と関西学院大学のパートナーシップの現状と展望

アド・デラード　前国連ボランティア計画事務局長
長瀬慎治　国連ボランティア計画東京事務所駐在調整官

アド・デラード氏

国連ボランティア計画（以下、ＵＮＶと略）は、国際連合においてボランティアの活用を通した開発、及び平和構築・維持に寄与する役割を担っています。一九七一年に国連開発計画（ＵＮＤＰ）の下部組織として設立されて以来、毎年数千人単位でインターナショナル国連ボランティア、およびナショナル国連ボランティアを派遣してきました。派遣される方々はそれぞれの専門分野で五～一〇年の実務経験を持つプロフェッショナルで、平均年齢は三九歳、ボランティア精神に富み、熱意にあふれています。二〇〇六年には、世界一六三カ国から七、五七〇名が一四四カ国で、様々な任務に従事しました（次頁の「国連ボランティアの出身国及び派遣国」の図を参照）。このうち、女性は三六％を占めます。

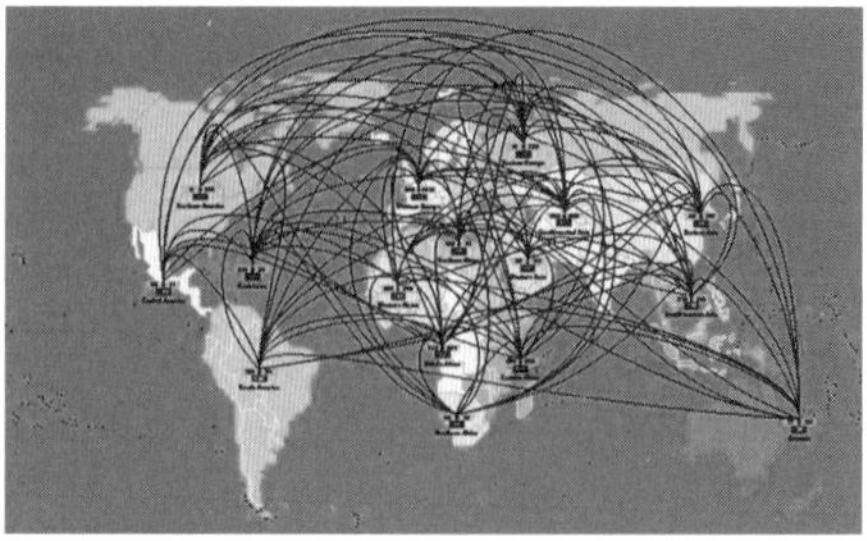
国連ボランティアの出身国及び派遣国

ＵＮＶの活動は、これだけではありません。他の国連機関や政府組織、ＮＧＯ等が、ボランティアの力をもっと活用できるよう働きかけることも重要な任務です。そのために、ボランティアが持っている能力・可能性について世界に情報発信したり、組織間のネットワーク構築を支援する等の活動も積極的におこなっています。さらに、ボランティア活動についての国内法整備など、彼らの活動を容易にするための環境整備も主な活動の一つです。二〇〇一年のボランティア国際年の実施が代表的な例と言えましょう。

これらすべての活動は「ボランティアリズムの推進による開発の促進（Volunteer for Development：以下、Ｖ４Ｄと略称）」という概念に集約されます。ＵＮＶはこの概念をベースに、開発における以下の三分野への貢献を目標にしています。

(1) 弱い立場にある人々や地域社会の各種社会サービス（医療、教育等）へのアクセスを高める。

(2) 地域社会の人々、特に社会的弱者が、自らの状況を左右する事柄についての意思決定過程に参加できるようにする。

(3) ボランティア活動を通じて、地域社会住民を動員し、開発の諸課題に取り

ＵＮＤＰ（United Nations Development Programme）

国連開発計画。国連システムのグローバルな開発ネットワークとして、変革への啓蒙や啓発を行い、人々がよりよい生活を築けるよう、各国が知識や経験や資金へのアクセスを支援している国連機関。一六六カ国で活動を行っています。

インターナショナル／ナショナル国連ボランティア

インターナショナル国連ボランティアが他国出身であるのに対し、ナショナル国連ボランティアは自国において国連ボランティアの任務を遂行する者を指します。

組む主体になってもらう。

これらの活動は、ボランティア国際年を経て、さらに大きな広がりを見せています。その一つが、ＵＮＶと関西学院大学の協力の事例です。我々は二〇〇三年に協定を結び、「国連情報技術サービス（ＵＮＩＴｅＳ：United Nations Information Technology Service）」という枠組みの中で、関学生をボランティアとして派遣してきました。彼らは正規の国連ボランティアではありませんが、それに準ずる立場でＶ４Ｄを促進するのに大いに貢献しています。彼らの活動の成果は、受け入れ先である国連機関や現地ＮＧＯから高い評価を受けています。現在は情報通信技術分野に限定した派遣にとどまっています。しかし今後は、ミレニアム開発目標（ＭＤＧｓ：Millennium Development Goals 三六～三七頁のコラムを参照）に関わる、より広い分野への活動の拡大も視野に入れながら、さらに協力体制を強化したいと考えています。

関西学院大学はまた、日本国内やアジア地域での学生ボランティア・プログラムに参加する大学のネットワークを構築する役割も担っています。ＵＮＶは北米、南米、アフリカ、ヨーロッパ等の地域で、それぞれ拠点大学を通じて同様のネットワークを展開しています。アジアの大学ネットワークを通じ、学生

ミレニアム開発目標（ＭＤＧｓ：Millennium Development Goals）
二〇〇〇年九月、国連ミレニアム・サミットで、二一世紀の国際社会の目標として国連ミレニアム宣言が採択されました。ミレニアム開発目標とは、この国連ミレニアム宣言と一九九〇年代に採択された主要な国際開発目標を統合し、二〇一五年までに達成すべき八つの目標を掲げたものです。詳しくは三七頁のコラムを参照。

オンライン・ボランティア
インターネットを介したボランティア。ＵＮＶでは、ＭＤＧｓ達成を支援する持続可能な人間開発活動に従事するた

ボランティアという高いポテンシャルを持つ人的資源が、開発や平和構築などの分野で有効に活用されることを、我々は期待しています。

柔軟な思考と行動力を持った若い学生諸君は、場所や分野を問わず、将来にわたってボランティア活動の推進を担うはずの方々です。学生たちに様々な体験の機会を与えることは、同時に、彼らが広く社会にむけてその経験を発信することで、ボランティアが開発に果たす役割を伝えるメッセンジャーの役を果たすことにもつながります。このようにＵＮＩＴｅＳ学生ボランティア・プログラムは、現地における直接的な成果にとどまらず、幅広い意義をも持っていることを忘れてはならないでしょう。

もちろん、海外での国際協力だけがボランティア活動ではありません。日本国内にも、災害救援をはじめ多くの機会があります。一九九五年の阪神・淡路大震災でのボランティアの活躍で、その力や可能性が国際的に認識されたことが、二〇〇一年のボランティア国際年の契機となりました。これはまさに、身近なボランティア機会への参加が、グローバルなボランティア推進活動に直結した一例です。最近では、新しいスタイルとして、日本にいながらインターネットを通じて活動するオンライン・ボランティアの機会も増えています。こ

めに現地に派遣されるボランティア制度の他に、インターネットを介して活動に貢献するオンライン・ボランティア制度があります。

のように多様な形態のボランティアの機会が用意されていますので、学生の皆さんには、ＵＮＩＴｅＳをはじめとする様々な活動に参加し、経験を蓄積することをお勧めします。

目次

はじめに　国連ボランティア計画（ＵＮＶ）と関西学院大学のパートナーシップの現状と展望…………3
アド・デラード　前国連ボランティア計画事務局長
長瀬慎治　国連ボランティア計画東京事務所駐在調整官

第１章　関西学院大学ＵＮＩＴｅＳボランティア・プログラムについて…………11
豊原法彦　関西学院大学経済学部教授・前ＵＮＩＴｅＳプログラム・コーディネーター
大江瑞絵　関西学院大学総合政策学部准教授・ＵＮＩＴｅＳプログラム・コーディネーター

第２章　ＵＮＩＴｅＳボランティア・プログラムにおける関西学院大学の支援体制について…………25
伊角富三　関西学院大学国際教育・協力課次長

第３章　学生たちは国境を越える　――国連情報技術サービス（ＵＮＩＴｅＳ）の挑戦　…………39
村田俊一　総合政策学部教授・国連開発計画（ＵＮＤＰ）駐日代表　他

第４章　派遣学生が発揮した情報通信技術（ＩＣＴ）スキルについて……87
豊原法彦　関西学院大学経済学部教授

第５章　ＯＢ／ＯＧからのメッセージ……97
村上　舞　二〇〇四年度春学期スリランカ派遣生
井口昌哉　二〇〇五年度秋学期フィリピン派遣生
筒井利行　二〇〇五年度秋学期モンゴル派遣生
岡田　恵　二〇〇六年度秋学期モンゴル派遣生

最後に　ＵＮＤＰが期待する今後のＵＮＩＴｅＳおよび学生ボランティアについて……117
村田俊一　総合政策学部教授・国連開発計画（ＵＮＤＰ）駐日代表

Ａｐｐｅｎｄｉｘ１　予防接種　i
Ａｐｐｅｎｄｉｘ２　ＵＮＩＴｅＳ生の持ち物とお土産　iii

第1章

関西学院大学UNITeSボランティア・プログラムについて

豊原法彦
関西学院大学経済学部教授・前UNITeSプログラム・コーディネーター

大江瑞絵
関西学院大学総合政策学部准教授・UNITeSプログラム・コーディネーター

column 1 国際連合（国連：United Nations）とは？

国際連合（国連）は世界を平和にし、貧困や不正とたたかうため、世界の独立国が集まって作られた組織です。日本は1956年12月18日に80番目の加盟国となりました。2007年11月現在、192カ国が加盟しています。

どのように国連ができたのか？

第二次世界大戦中の1941年、アメリカのフランクリン・D・ルーズベルト大統領とイギリスのウィンストン・チャーチル首相が、大西洋上の軍艦で平和維持のために国際組織を作ろうと話し合いました。二人は1945年にソ連（現在のロシア連邦）の指導者ジョセフ・スターリンとヤルタで会談、1945年6月にサンフランシスコ会議で国連憲章が採択されました。1945年10月24日に51カ国で国連が発足しました。この記念に、国連の誕生日である10月24日に毎年、世界中で国連デーのお祝いが行われています。

国連の目的とは？

国連には、4つの主な目的があります。（1）世界の平和を守る。（2）国どうしの間に友好関係を築く。（3）貧しい人々の生活条件を向上させる手助けをし、お互いの権利と自由の尊重を働きかける。（4）これらの目的が達成できるように、中心になって働いていく。

国連本部はどこにあるのか？

国連本部はニューヨーク市にあります。休日以外の日に国連本部を訪れると、アフガニスタンからジンバブエまでアルファベット順に掲げられた全加盟国の旗を見ることができます。国連も青地に白で国の紋章が入った独自の旗をもっています。国連の紋章は、世界地図のまわりに、平和の象徴であるオリーブの枝が飾られたものです。

国連で使われる言葉とは？

アラビア語、中国語、英語、フランス語、ロシア語、スペイン語の6つの公用語があり、公式の会議ではどの言語を使ってもかまいません（他の公式言語に同時通訳されます）。国連文書もこれら6つの言葉で書かれます。国連での仕事には、作業言語といわれる英語とフランス語が使われています。

（出典：国際連合、2000『国連発見』）

図Ⅰ-1　UNVとの協定調印式（左：アド・デラードUNV事務局長代行（当時）、右：平松一夫学長）

ランバス

ウォルター・R・ランバス（一八五四～一九二一）、宣教師として一八八六年来日、一八八九年West Japan Collegeとして、現在の関西学院大学を創立、初代院長となりました。一八九一年離日。その後もブラジル、アフリカ、ロシア、中国などで伝導。一九二一年、再来日の際に横浜で死去。

世界で求められる世界市民の精神を

様々な問題を抱える現代社会では、大学生諸君にも、大学で理論や知識等の学術的な経験を積み、それを地域や世界の現場で活かす世界市民として、社会に貢献することが期待されています。そうした期待に応えるべく、関西学院大学では二〇〇四年度以降、あわせて四〇名もの学生を開発途上国の情報通信技術（ＩＣＴ）の現場に、国連情報技術サービス（ＵＮＩＴｅＳ）ボランティアとして派遣してきました。

関西学院では、創設者の米国人宣教師ランバスの精神を示す「Mastery for Service（奉仕のための練達）」をスクールモットーとして、その伝統を一八八九年の創立以来現在まで脈々と継承してきました。この言葉は「自己修養（練達）」と「献身（奉仕）」の両方の実現を含み、現代社会に求められている世界市民の精神とも通じるものです。ＵＮＩＴｅＳボランティアの活動は、この精神を体現するものと言えます。

ＵＮＩＴｅＳは、二〇〇〇年四月にコフィー・アナン国連事務総長が『ミレニアム報告書』で発表した、二一世紀に向けた国連の新規事業の一環として始

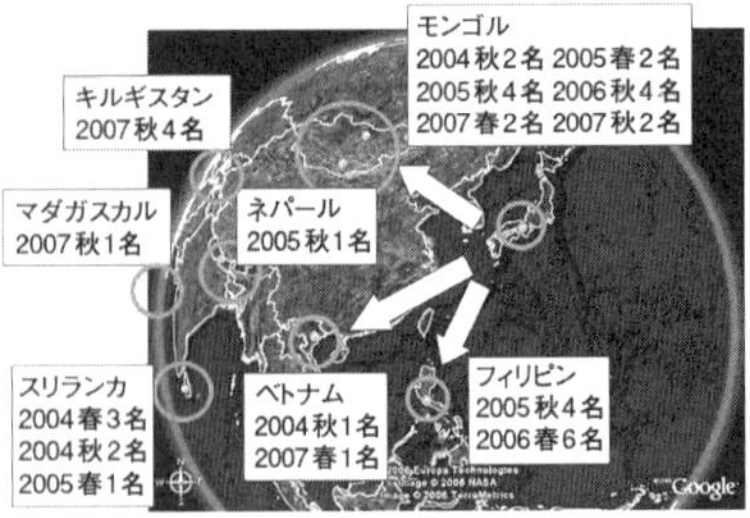

図Ｉ-2　国境を越えた学生たち（2004～2007年度）

められました。目的は、開発途上国における情報格差（デジタル・デバイド）を縮小し、人間開発（ヒューマン・ディベロップメント）に寄与することです。二〇〇三年六月に、関西学院大学は国連ボランティア計画（ＵＮＶ）と協定を結びましたが、これは世界でもアメリカのジョージ・メイソン大学、スペインのマドリッド自治大学に次ぐものです。もちろん、アジアでは初めてです。そして、二〇〇四年度の派遣開始以来、二〇〇七年度秋学期までに、キルギスタン（四名）、スリランカ（六名）、ネパール（一名）、フィリピン（一〇名）、ベトナム（二名）、マダガスカル（一名）、モンゴル（一六名）に計四〇名の学生を派遣しています。

派遣先では現地のニーズに応じて、パソコン教室の設営や運営、基本ソフトの開発、ＷＥＢサイトの制作、データベースの構築などを担当します。また、二〇〇四年のスマトラ島沖地震・津波でのスリランカ災害復興支援、モンゴル一村一品運動支援など、ＩＣＴ分野に留まらず、開発分野全般に活躍の場を広げています。

表Ⅰ-1　関西学院大学 UNITeS 派遣実績（2004～2007 年度）

時期	派遣国	派遣機関	人数	業務内容
2004 春学期	スリランカ	現地 NGO	3 名	パソコン指導
2004 秋学期	スリランカ	現地 NGO	2 名	パソコン指導、災害復興支援
	ベトナム	政府機関	1 名	現地の ICT 事情リサーチとパソコン寄付事業
	モンゴル	現地 NGO	1 名	WEB サイト作成
		現地 NGO	1 名	現地の ICT 事情リサーチ
2005 春学期	スリランカ	国連事務所	1 名	ボランティア人員のデータベース作成
	モンゴル	現地 NGO	2 名	WEB サイトの作成
				現地の ICT 事情リサーチとイエローページ作成
2005 秋学期	ネパール	現地 NGO	1 名	パソコン指導
	フィリピン	現地 NGO	2 名	オンライン DB の作成
		現地 NGO	1 名	WEB サイト作成
		現地 NGO	1 名	WEB サイト作成
	モンゴル	現地 NGO	1 名	モンゴル語版リナックス作成
		現地 NGO	2 名	日本の ICT 事情の紹介
		現地 NGO	1 名	パソコン指導
2006 春学期	フィリピン	現地 NGO	1 名	WEB サイト作成
		政府機関	3 名	オープンソース関連
		現地 NGO	1 名	ボランティアマッチング DB の開発
		現地 NGO	1 名	パソコン指導
2006 秋学期	モンゴル	現地 NGO	2 名	モンゴル語版教育ソフトの開発
		現地 NGO	2 名	一村一品運動の支援
2007 春学期	ベトナム	政府機関	1 名	WEB サイト作成とネットワークシステム設営
	モンゴル	現地 NGO	2 名	一村一品運動の支援
2007 秋学期	キルギスタン	現地 NGO	1 名	WEB サイト移行にともなうスタッフ教育支援
		現地 NGO	1 名	語学教室の運営・教材開発
		現地 NGO	1 名	スタッフ研修用資料作成
		国連事務所	1 名	ボランティアマッチング DB の設計
	マダガスカル	現地 NGO	1 名	ポスター製作
	モンゴル	現地 NGO	1 名	一村一品運動の支援
		現地 NGO	1 名	日本の ICT 事情紹介、オンラインアンケート作成

プログラムの概要

それでは、関西学院大学ＵＮＩＴｅＳボランティア・プログラムについて、もう少し詳しく説明しましょう。

このプログラムは、国際教育・協力センターとプログラムをコーディネートする教員による全学対象の国際教育・協力プログラムの一環として、春学期または秋学期の学期単位で学生派遣を実施するものです。したがって、協定校留学等と同じく、派遣学生は休学することなく、四年間で大学を卒業することができます（詳細は二八頁参照）。同時に、国際ボランティアを志す学生の経済的負担を軽減し、より多くの学生がチャレンジできるように、「国連情報技術サービス（ＵＮＩＴｅＳ）ボランティア奨学金」制度を新設し、派遣が決定した各学生に三〇万円を支給することで、渡航費や滞在費などの経済的負担を軽減しています。現地では、ＵＮＶ現地事務所から国連ボランティアとしてＩＤカードや名刺が発行され、派遣終了後にＵＮＶ本部からボランティア修了証書（Certificate of Service）が授与されます。

ＵＮＩＴｅＳ派遣候補生の募集から派遣までを簡単に説明します。派遣の前

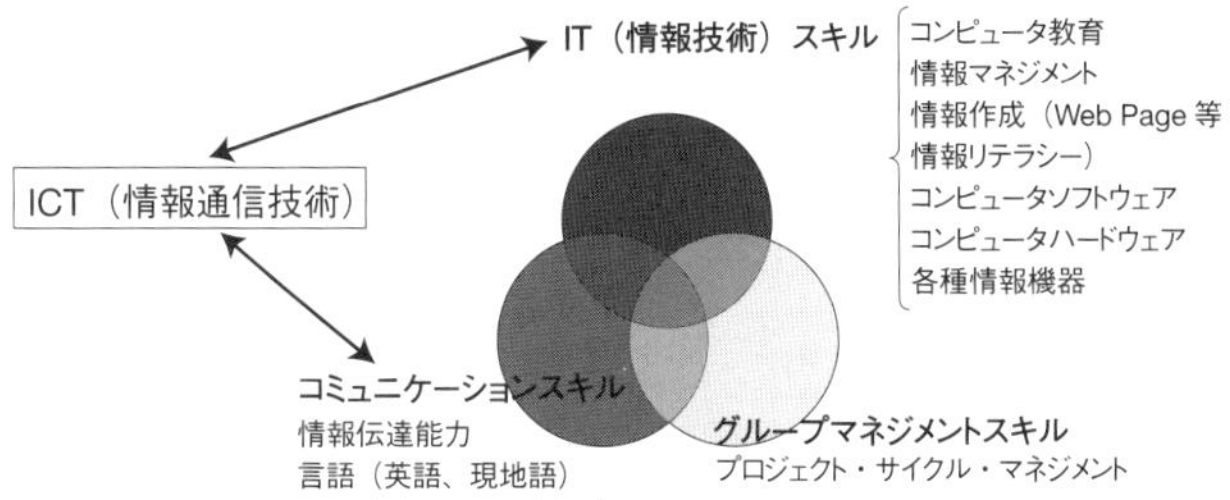

図Ⅰ-3　事前研修のイメージ

年度一一月に派遣候補生の募集がおこなわれ、書類選考と面接試験によって厳正に選ばれます。参加条件は、関西学院大学の学部二年生以上または大学院生で、派遣時に二〇歳以上の方です。また英語運用能力とＩＣＴ能力があり、成績優秀者であることが求められます。さらに現地での困難な状況にも対応できる健康な心身を持ち、異なる社会の中で自分の力を発揮できる人物でなくてはなりません。

現地では、依頼された業務について派遣生が自らプロジェクトを設計・管理・実施しなくてはなりません。そのため採用後、派遣候補生は必要とされる基礎的能力をコーディネーターの教員による事前研修で養成します。まず国連開発計画（ＵＮＤＰ）などの開発援助関係機関で用いられている、プロジェクト・サイクル・マネジメント（ＰＣＭ：Project Cycle Management）手法を用いたプロジェクト管理を学びます。また国際機関論や途上国経済論などを学び、開発援助について知識を高めます。次にＩＣＴ研修を受けます。ハード実習では、パソコンの分解と組立を通じ物理的構造を学び、ＬＡＮケーブルの作成などをおこないます。ソフト実習では、基本ソフトやアプリケーションソフトのインストールやカスタマイズ設定、ネットワーク設計や接続、ＷＥＢサイ

図Ⅰ-4　事前研修でパソコンを解体する派遣候補生たち

トの作成などを実習を通して学び、それらの作業工程をレポートとしてまとめたり、作業手順マニュアルを作成してドキュメント化をおこないます。さらに、UNV現地事務所や派遣機関、およびコーディネーター教員や職員とのコミュニケーションをスムーズにおこなうため、日本語および英語でのメールとレポート作成の実習を受けます。

事前研修と並行して各派遣候補生は英文履歴書（CV）を作成し、ドイツ・ボン市にあるUNV本部に提出します。UNV本部で、世界中のUNV現地事務所を通じて集められる、政府機関や現地NGOのボランティア求人情報を示したTOR（Terms of Reference）とのマッチングがされます。派遣機関と派遣候補生の組み合わせが決まると、派遣候補生はUNV現地事務所や派遣機関の担当者による電話インタビューを受け、合格すると派遣が決まります。

派遣先が決まると具体的な派遣作業に入ります。現地受け入れ機関では、派遣生の滞在先を確保し、UNV現地事務所の安全確認（Security Check）を受け、派遣生の受け入れ態勢を整えます。具体的には、各派遣生と連絡をとりながら派遣国にあわせて、渡航手段、ビザ、滞在先、旅行保険などの手配や調整をします。特に確認が必要な手続きは査証（ビザ）です。渡航先、渡航目

TOR
(Terms of Reference)
一般に業務指示書と訳され、国連などの機関で募集されているポストの名称、契約形態、組織と職務内容、応募条件

（職務経験・学歴・語学など）を記したもの。UNITeSボランティアの場合は、派遣機関から提出されたTORに適当な派遣候補生に対し、UNV本部（ドイツ・ボン）経由で送付されます。

UN Volunteers

ISSUE 001 - 2006

Philippines

Yumiko Yamasaki

University Volunteer, Kaisa Foundation (UNITeS/UNV)

Joined the UNITeS program because of her interest in development, especially in capacity building. She believes education to be a very important tool for development and one of the means for capacity building. As a student at Kwansei Gakuin University majoring in policy studies, she wanted so much to do fieldworks and joined the UNITeS program. She was also interested in ICT and UNITeS program became a good opportunity to fulfill her dream. Yumiko wants to learn many things through this experience, not only creating and developing websites but also interacting with people of different cultures. This is her first time to live abroad and wants to be accustomed with this kind of life.

Masaya Inokuchi

Masaya joined this program (UNITeS) for two reasons. First, he wants to engage in the international cooperation for a longer term. Although, he joined a project of the Habitat for Humanity International in the Philippines twice. But it was for only two weeks. Second, through this study about the international cooperation of UN, he wants to know more about the field they engaged in. Through this program, Masaya wants to contribute to the improvement of digital divide in Philippines. He knows it is very difficult to resolve. Nevertheless, he intends to change the situation as much as possible. Besides this, Masaya is very enthusiastic to learn many new things from his job, the people in contact, culture and everything around him.

Chikako Miyamoto

Finding it fulfilling to utilize her experience and skills for a good cause, Chikako joined the UNITeS Program offered at Kwansei Gakuin University where she is taking up a course on Foreign Policy. She was deployed at KAISA Foundation, a Chinese-Filipino NGO where she was tasked along with a colleague to develop and maintain the website of the foundation mostly containing Chinese-Filipino News archives.

Nozomi Sugahara

Nozomi works at Pinoy-Rin, Inc., which aims to promote volunteerism for social development by harnessing the power and reach of the Internet. She has joined many different kinds of volunteer activities both in Japan and overseas. She customarily searches the volunteer opportunities using the Internet and build user-friendly webpage based on her experience. She wishes to stay longer and contribute to the promotion of volunteerism here in The Philippines.

Nozomi realizes that ICT is an essential tool for all the children of the present day, henceforth has chosen this far distant field from her regular studies- a student of Education, majoring in Educational Psychology. As a volunteer for 3 months, Nozomi believes that rich experience beyond the borders will go for the children whom she will see become ICT literate in the future.

図Ⅰ-5　UNVニュースレターで紹介された派遣生たち
（2005年度秋派遣フィリピン）

的、滞在期間ごとに、ビザの発給要否や種類が異なるうえ、以前に学生派遣のあった国であっても手続きが変更になっていることがあります。派遣候補生も、ビザ取得のために、大使館や領事館に急遽行かなくてはならないことも少なくありません。

さらに派遣候補生は予防接種を受けなければなりません（Appendix 1を参照）。派遣国によって異なりますが、渡航スケジュールにあわせて狂犬病、日本脳炎、A型肝炎、B型肝炎、破傷風などのワクチンを接種します。

派遣候補生が最も力を入れて準備しなくてはならないのは、派遣先機関の依頼業務に対する準備です。事前研修で基礎能力は養成されましたが、派遣先機関が期待する応用能力をつけなければなりません。各派遣候補生は渡航までの間、各業務に対応した知識とスキルをブラッシュアップします。

すべての手続きが終わると、いよいよ現地に向けて出発し、派遣候補生は晴れて派遣生となります。

現地では、派遣生は毎週月曜に週間レポート（Weekly Report）をボランティア・プログラム担当教職員に提出します。現地での業務や生活状況を報告し、派遣期間中盤に中間レポートを、派遣終了後に最終レポートを提出します。コーディネーター教員と国際教育・協力課の職員はこれらの報告を受け、派遣生の状況を把握すると同時に必要に応じたサポート体制を整えています。現地では派遣生一人一人が自分の力で問題や課題に対応していかなくてはなりませんが、時には手助けが必要なこともあります。その時はまず現地受け入れ先のスタッフに理解や協力を頼み、それでも対応できない場合には、随時メールやスカイプ、携帯電話などを通じて、ＩＣＴや業務に必要な指導や支援を受けることができます。

　教職員による派遣機関へのモニタリング・ビジットでは、現場での直接の指導や支援を受けることができ、派遣生たちの励ましになっています。また派遣生同士、または国内外のボランティア同士が、インターネットを用いたオンライン・ボランティアとしてサポートしあうことでボランティア同士のネットワークも活用できます。

　派遣生は皆、知らない土地で知らない人たちと仕事や生活をともにし、困難を自ら乗り越えることで大きく成長して帰ってきます。帰国後は、帰国報告会を始め、新聞記事インタビュー、シンポジウムやパネル・ディスカッション（第3章）、講演など、学内外で様々な事後活動に参加し、活動報告や広報活動

スカイプ（Skype）
スカイプ・テクノロジー社のインターネット電話の無料ソフトウェア。スカイプユーザー間で、無制限の無料音声通信が可能。二〇〇七年一月、ユーザー数が九〇〇〇万人以上を越えました。

デジタル・デバイド
ＩＣＴ技術の発展に伴い生じた、その恩恵にあずかれる人と、そうでない人との待遇や貧富、機会の格差のことを言います。また、個人間のほかに国家間や地域間の格差などもあります。詳しくは四〇頁のコラム参照。

をおこないます。なお派遣経験者の方から、渡航前の準備、持ち物、現地からのおみやげなどについてアドバイスをいただいたので、Ａｐｐｅｎｄｉｘ２にまとめておきました。

国際社会に貢献し、活躍する人材を育成する国連学生ボランティアプログラム

これらの活動報告や広報を通し、関西学院大学ＵＮＩＴｅＳボランティア・プログラムおよび派遣生の功績は、関西学院大学の学生や教職員のみならず国内外で広く評価され、日本における拠点校としての役割が期待されています。この期待に応えるべく、ＩＣＴに限っていた活動分野を、ＭＤＧｓにそった形で拡大し、国連学生ボランティアプログラムとして、今後も学生派遣をおこなっていきます。また、派遣生ＯＢやＯＧは卒業後もＵＮＩＴｅＳの経験を活かし、国内外の大学院へ進学したり、民間企業に就職するなどして広く社会で活躍しています。彼らの中から一〇年後、二〇年後に、国連などの国際機関で活躍する人材が育つことも期待されます。関西学院大学はより多くの日本人学生を国連学生ボランティアとして派遣し、短期的および長期的視野で開発途上

ヒューマン・ディベロップメント
人間開発。ＵＮＤＰでは、人々が各自の可能性を十全に開花させ、それぞれの必要と関心に応じて生産的かつ創造的な人生を開拓できるような環境を創出すること、と定義しています。また、人間開発のための最も基本的な能力とは、健康で長生きをし、十分な知識を持ち、人間らしい生活水準を享受するために必要な資源を利用でき、地域社会の活動に参加できる能力を指します。

国のデジタル・デバイドやヒューマン・ディベロップメントに貢献することを目指しています。

column 2　アフリカ・マダガスカルから現地レポート

“Manao ahona!（マナウアーナ／こんにちは)” 現在、私はアフリカ南東に浮かぶマダガスカルという国にUNITeSプログラムを通じて派遣されています。UNVマダガスカル事務所と国際NGO“Water Aid Madagascar”で、水衛生の改善を目的として啓発ポスターの製作、写真撮影をおこなっています。

マダガスカルといえば、皆さん何を思い浮かべるでしょうか？　星の王子様のモデルにもなっている「バオバブ」、「キツネザル」などのマダガスカル固有の動植物、また映画「マダガスカル」を思い浮かべる方もいらっしゃるかもしれませんね。一見、日本とは馴染みのない国であるマダガスカルですが、先住民はもともとマレーシアやインドネシアから渡ってきたアジア系の人々だとも言われており、人々の顔立ちや文化にアジアを感じることがしばしばあります。

私は特に、マダガスカルの人々が非常に多くの「お米」を食べるということに驚きました。なんと一人当たり年間約200kgもお米を食べているそうです。日本人の年間消費量の平均が約60kgなので、3倍以上のお米をマダガスカルの人たちは食べているという計算になります。マダガスカル人の友達と食事に行くと、決まって「タイシはもう食べないのか？　体調でも悪いのか?」と突っ込みを受けています。日本では「タイシはまだ食べるのか!?」と突っ込まれているので、これも一つの異文化体験であるのでしょう。

UNITeSプログラムで派遣されなければ、おそらく来なかったであろう「マダガスカル」。この地で多くのものを吸収すると同時に、少しでもこの国の「発展」のための力になるよう、残りの期間の仕事に励んでいきたいと思います!!

2008年1月
前原太詩　（総合政策学部4回生：2007年度秋学期UNITeS派遣生）

田植えの風景

スポーツ大会の一齣

第2章

UNITeSボランティア・プログラムにおける関西学院大学の支援体制について

伊角富三

関西学院大学国際教育・協力課次長

column 3　中央アジア・キルギス共和国から現地レポート

私たち４人（男性１、女性３）は、UNITeSボランティアとして、中央アジアに位置するキルギス共和国のUNV事務所や現地NGOに派遣されています。首都ビシュケクにあるアパートで共同生活を送りながら、家事全般を自分たちでおこなっています。ビシュケクでの生活環境は日本とはそう変わらず、街にはスーパー、映画館、美術館はもちろん、インターネットカフェやコンビニまであります。

この街で人々の足となっている乗り物が『マシュルカ』というマイクロバスです。ルートと行き先は決まっていますが、ルート途中のどこからでも乗ることができるし、どこででも降りることができます。「アスタナヴィーチェ！（止めて）」と運転手に声をかければ、そこが道の真ん中であろうと止まってくれるのです。こちらへ来て間もない頃は、ロシア語で書かれている行き先を読むことができず、一か八かで、来たバスに飛び乗ったあげく、見知らぬ土地で泣く泣く降りるはめに幾度となくなりました。しかし、今ではキルギス人に席を譲る余裕が出てくるほどに、マシュルカを使いこなせるようになっています。

日本では経験したことのない冒険を日々重ね、私たちもたくましく成長しています。残りの派遣期間、キルギス共和国の発展に貢献できるよう、ベストを尽くしていきたいと思います。

2008年２月

大城亜由美（総合政策学部４回生：2007年度秋学期UNITeS派遣生）
西村幸子　（総合政策学部４回生：2007年度秋学期UNITeS派遣生）
矢野　郁　（総合政策学部４回生：2007年度秋学期UNITeS派遣生）
杉原淳夫　（商学部４回生：2007年度秋学期UNITeS派遣生）

料理をする派遣生

キルギス人の友人家族と

図Ⅱ-1　派遣機関スタッフと
（2005年度秋学期派遣ネパール）

国際教育・協力センター
関西学院大学において、全学生を対象とした、交換留学、中期留学、外国語研修、国際学生セミナー、ＵＮＩＴｅＳボランティア、また、協定大学から来学した交換学生のための日本・東アジア研究プログラムの授業科目の提供をお

この章では、大学としてどのように学生の国際ボランティアを支えているのか、その舞台裏を紹介するとともに、どのような手続きを経てこのプロジェクトを軌道に乗せることができたかについて説明します。

私がＵＮＩＴｅＳ学生ボランティア派遣事業に関する説明を初めてお聞きしたのは、二〇〇三年一月二三日（木）のことです。福田豊生教授（当時総合政策学部教務主任）と、村田俊一教授からお話があり、コリック国際交流部長（当時）とともに、国連ボランティア計画（以下、ＵＮＶ）駐日調整官（当時）の斯波氏からブリーフィングを受けました。当時すでにアメリカのジョージ・メイソン大学、スペインのマドリッド白治大学がＵＮＩＴｅＳに関する協定をＵＮＶと結んでいました。国際交流部（現国際教育・協力センター）としては、ただちに関西学院大学をあげてこの事業に取り組むことを検討しました。そして、平松学長以下大学執行部の賛同を得て、協定締結に向けた準備に取りかかりました。

同時に、村田教授と国際交流部との間で、このプログラムをどのような形態で学生に提供できるかについての検討を始めました。その最大の検討課題は、学生がいかに休学または留年することなく、このボランティア活こなっています。これらのプログラムを通し、毎年四〇〇名を越える関学生が海外で、また、七〇名を越える交換学生が関西学院大学で勉強しています。

交換留学・国際プログラム

関西学院大学はＵＮＩＴｅＳボランティア以外にも休学することなく単位認定を得られる交換留学や国際プログラムを実施しています。交換留学では世界各地域の四八大学に毎年約九〇名が協定大学に留学できます。また中期留学では、一学期間、英語やフランス語の語学力向上と異文化体験をおこなうことができます。夏季休暇を利用した約

動に参加できる仕組みを構築するかでした。

　この点をもう少し詳しく説明しましょう。交換留学などの従来の国際プログラムと同様に、休学することなく四年間で卒業するためには、派遣先でのボランティア活動を大学の教務の中に組み込んで、授業の一環として認定する必要があります。たとえば、どのぐらいの単位を認めるべきか決めなければなりません。

　一方で、単位の認定は学部によって異なり、それぞれ学則で厳密に定義されています。このため、本学内の調整は難しいものになりました。検討の結果、ＵＮＩＴｅＳボランティア派遣事業を「国際協力の実践」と「世界の人々に貢献し、共生できる次代を担う人材の育成」をめざす新しい教育プログラムと位置づけることとして、国際交流部（当時、現国際教育・協力センター）が学部二年生以上または大学院生で、派遣時に二〇歳以上のすべての学生を対象とする次の科目を春学期、秋学期のおのおのに開講するものとしました。

学部学生対象：

「国連ボランティア実習（UNITeS Volunteers）」（一二単位）

一ヵ月間の英語と中国語の外国語研修も用意されています。この他にも短期間のセミナープログラムとして、インドネシア交流セミナー、国連セミナー、オックスフォード大学ジョイントセミナーがあります。

「国連ボランティア課題研究（UNITeS Volunteers）」（四単位）

大学院学生対象：

「国連ボランティア特別実習（UNITeS Volunteers）」（六単位）

「国連ボランティア特別課題研究（UNITeS Volunteers）」（二単位）

ージ　毎日新聞　（第3種郵便物認可）

毎日新聞　'05-04-23

スリランカ、モンゴルへ

関学大生３人ボランティアに　被災状況データ作成も

関西学院大（西宮市）が発展途上国に派遣している学生ボランティアの３期生３人が、スリランカとモンゴルに出発する。昨年末のスマトラ沖大地震で大きな被害を受けたスリランカでは被災状況のデータベース作成に取り組むといい、５月上旬に派遣される社会学部４年、奥橋敦子さん(21)は「自分の持つ知識を復興に役立てたい」と話している。【波江千春】

発展途上国との情報格差解消を目指す国連ボランティア計画（UNV）と協定して派遣しており今回で3回目。奥橋さんは昨年3月、スリランカに住宅を建てるボランティアに参加。「資金中心の援助では技術が残らず、支援に限界がある」と感じ、IT教育を行う今回の学生派遣プログラムにも応募した。パソコンの修理などについて事前に研修を受け、まずコロンボのUNV事務所で被災状況のデータベース化に取り組む。

25日、モンゴルに出発する文学部3年の東郷知沙さん(21)と総合政策学部3年の村松康一郎さん(20)は首都ウランバートルでIT企業のデータベース作成などを担当する。東郷さんと村松さんは「日本の文化も伝えたい」と意気込みを見せた。3人とも9月中旬まで約5カ月間滞在する。

9月中旬まで「日本の文化も伝えたい」

平松一夫学長（左から2番目）から激励を受ける奥橋さん、東郷さん、村松さん（左から）

図Ⅱ-2　派遣を報道する新聞記事（2005年度春学期派遣）

このような制度の整備があってはじめて、派遣学生は協定校留学等と同様に休学することなく、四年間で大学を卒業することが可能になりました。前章でも触れたように、大学から奨学金が授与され、経済的負担も軽減されます（一六頁参照）。こうして二〇〇三年一〇月二日（木）には、東京の日本プレスセンタービルにおいて、本学は世界で三番目、アジアで初めての大学としてＵＮＶとＵＮＩＴｅＳボランティア派遣事業のパイロットプロジェクトに関する協定書の調印式をおこなうにいたり、翌年二〇〇四年度から開発途上国の情報格差解消を目的とした学生派遣を実施できることになったのです。

キリスト教の慈愛の精神に基づく世界市民の育成を目的に、アメリカ人宣教師であったW・R・ランバスによって創立された関西学院大学において、スクールモットーである「Mastery for Service」とボランティア・スピリットとは深く関連していると捉えられます。そうした考えをベースにしてはじめて、こうした事業が可能になるのです。

関係機関との調整ならびに危機管理

実際にプログラムを実施するにあたっては、ＵＮＶ本部やＵＮＶ現地事務所、派遣機関などとの連絡や調整が必要です。派遣生はＵＮＶ現地事務所のセキュリティ管理体制下で活動しています。万が一、緊急事態が発生してＵＮＶ現地事務所が危機回避のため避難を決定した場合は、ＵＮＶ現地事務所の指示に従い、ＵＮＶ現地事務所によって用意された手段で避難退去します。その際に発生する避難退去費用負担のための保険に、大学が加入しています。日常的な派遣生と担当教職員との連絡は、Ｅメールやスカイプおよび携帯電話を使っていますが、ＵＮＶ現地事務所の担当者とは、通常は国際教育・協力課の担当

インドネシアで大地震
二〇〇四年一二月二六日にインドネシア西部のスマトラ島沖で発生したマグニチュード九・三の地震。特に地震による津波の被害が甚大で、死者は二二万人以上と言われており、いまだにその傷跡が各地に残っています。

図Ⅱ-3　津波災害から避難する派遣生たち
（2004年度秋学期派遣スリランカ）

者が、また必要に応じて担当教員も、メールおよび電話などで連絡をとります。

過去に起きた緊急事例としては、派遣開始初年度の二〇〇四年一二月に発生したスマトラ沖大地震によるスリランカ津波災害と、二〇〇五年一二月から一月にかけてネパールで起こった政情不安があります。以下に事例を紹介します。

二〇〇四年一二月スマトラ沖大地震発生時、スリランカに派遣されていた派遣生たちはクリスマス休暇だったため、他のボランティアと共に海岸近くに滞在中でした（七八頁も参照）。幸いにも宿泊していた建物が海岸から少し離れていたため、津波の直接被害を免れました。村田教授が派遣生の携帯電話と連絡を取ることができ、彼らの無事を確認しましたが、現地の状況は悲惨を極めていました。派遣生たちは、汽車を利用してきた道を徒歩で二日間をかけて、派遣機関である寺院に戻りました。寺院はすでに被災難民を受け入れていたため、ＩＣＴに関するボランティア活動を中断し、災害救援活動をおこないました。

派遣生たちからの現地情報を受けて、年始業務開始後、直ちに大学と学院で

図Ⅱ-4　徒歩で派遣機関に戻る派遣生たち
（2004年度秋学期派遣スリランカ）

協議し、関西学院の宗教活動委員会が母体となったスマトラ沖大地震によるスリランカ津波災害救援募金活動を開始しました。募金活動は、一月一一日から三月末までの約三ヵ月間おこなわれ、集まった募金（一、九七六、〇一六円）をスリランカの国連開発計画に送金し、三軒の復興住宅建設が実現しました。

もう一件は、二〇〇五年一二月ネパールで、新しい国王への抗議行動に端を発して、夜間外出禁止令が発令された時でした。派遣生は派遣機関の建物に滞在していたため早期に電話で連絡がとれ、状況把握と安全確認をすることができました。国際教育・協力センターでは速やかな派遣生の帰国も検討しましたが、ＵＮＶ現地事務所の判断を受けて推移を見守ることにしました。

これら二件の緊急事例でボランティア活動に従事していた派遣生たちは、それぞれ活動を完結し、無事に帰国しました。

学生がプロジェクトに参加する意義と成果

このように本学がこのプロジェクトに参加する意義は、派遣された学生が現地の組織での業務に携わるだけでなく、彼ら自身もそれを通じて成長すること

図Ⅱ-5　PC 教室の生徒と
（2004 年度秋学期派遣スリランカ）

にあります。さらにその状況をWEBでリアルタイムに、また帰国後に総合政策研究科リサーチコンソーシアムなどで学内外に発信することで（第3章を参照）、国際開発、途上国援助といった抽象的な言葉が具体的なものとなって見えてくるようになりました。そして実際に、学生たちが発信するいわば生の情報に接することによって、学生のみならず教職員もその影響を受けています。

さらに、与えられた業務がWEB作成やデータベース作成、リサーチ業務など、ネットワークを通じておこなうものも多く、日本にいる学生たちがサポーターとして、あたかも現在UNVが推進しているオンライン・ボランティアのような仕事をしてきたケースもあります。この場合、現地に実際派遣されるのとは異なり、時間的制約も少なく、生活面、体力面でも有利な点が多い反面、きちんとした仕様書が作成されないと精度の高い仕事をすることが難しくなります。

そのために現地の学生はコンサルティング業務も担当することになり、派遣先からのヒアリング、問題点の切りわけ、解決策の提示、プロセスのモニターや評価、フィードバックといった高度なマネージメントが求められることとなりました。これは本プロジェクトに対する大学としての今後のかかわり方を模

図Ⅱ-6　NGOのメンバーと
（2006年度春学期派遣フィリピン）

索する上で、サポートした学生の貢献評価方法も含めて、大きな経験であったと考えています。

関西学院大学UNITeSボランティア・プログラムの今後の展望とその課題

関西学院大学はUNVと三年間のパイロットプロジェクトの協定を締結していましたが、UNITeSでの実績が評価され、さらに一年間のパイロットプロジェクト期間延長を合意し、二〇〇六年四月に協定書を更新しました。また二〇〇八年三月、二〇〇七年七月におこなったデラードUNV事務局長との協議にもとづき、情報格差解消に加え、MDGsにあげられている教育、衛生、環境、貧困など、活動内容の拡大を反映した二度目の協定書更新をおこないました。その結果、二〇〇八年度から幅広い分野に学生を派遣することが可能になりました。MDGsにそった活動分野の拡大とともに、今後、派遣期間、募集時期や形態、研修についても、適宜見直しを重ねていく予定です。

二〇〇六年より、大学間連携について一大学と協議を継続しています。早期に合意ができ、その大学との成果・結果を踏まえ、連携大学を増やしていくことがＵＮＶからも期待されています。現在、関西学院大学国際教育・協力センターでは、実務担当の職員一名、担当教員数名の大きな協力を得ながら業務を遂行しています。安定した運営をＵＮＶとの幹事大学として実行していくことは容易なことではないと思われますが、今後、拡大するボランティア業務内容に適宜対応し、加えて他大学との円滑な調整とコンソーシアムの運営を考えると、スタッフの充実が鍵となると考えています。

(7) 環境の持続可能性の確保（Ensure environmental sustainability）

ターゲット 9：持続可能な開発の原則を各国の政策や戦略に反映させ、環境資源の喪失を阻止し、回復を図る。

ターゲット 10：2015 年までに、安全な飲料水と基礎的な衛生設備を継続的に利用できない人々の割合を半減する。

ターゲット 11：2020 年までに、最低 1 億人のスラム居住者の生活を大幅に改善する。

(8) 開発のためのグローバル・パートナーシップの推進（Develop a global partnership for development）

ターゲット 12：開放的で、ルールに基づいた、予測可能でかつ差別のない貿易及び金融システムのさらなる構築を推進する。（良い統治《グッド・ガバナンス》、開発及び貧困削減に対する国内及び国際的な公約を含む）

ターゲット 13：後発開発途上国（LDC）の特別なニーズに取り組む。（①LDC からの輸入品に対する無関税、②重債務貧困国（HIPC）に対する債務救済及び二国間債務の帳消しのための拡大プログラム、③貧困削減に取り組む諸国に対するより寛大な ODA の提供等）

ターゲット 14：内陸国及び小島嶼開発途上国の特別なニーズに取り組む。（バルバトス・プログラム及び第 22 回国連総会の規定に基づき）

ターゲット 15：国内及び国際的な措置を通じて、開発途上国の債務問題に包括的に取り組み、債務を長期的に持続可能なものとする。

ターゲット 16：開発途上国と協力し、適切で生産性のある仕事を若者に提供するための戦略を策定・実施する。

ターゲット 17：製薬会社と協力し、開発途上国において、人々が安価で必須な医薬品を入手・利用できるようにする。

ターゲット 18：民間セクターと協力し、特に情報・通信分野の新技術による利益が得られるようにする。

（出典：国連開発計画、2006『ミレニアム開発目標』）

column 4　ミレニアム開発目標(Millennium Development Goals: MDGs)とは?

2000 年 9 月にニューヨークで開催された国連ミレニアム・サミットに参加した 147 の国家元首を含む 189 の加盟国代表は、21 世紀の国際社会の目標として国連ミレニアム宣言を採択しました。このミレニアム宣言は、平和と安全、開発と貧困、環境、人権とグッド・ガバナンス（良い統治）、アフリカの特別なニーズなどを課題として掲げ、21 世紀の国連の役割に関する明確な方向性を提示しました。そして、この国連ミレニアム宣言と 1990 年代に開催された主要な国際会議やサミットで採択された国際開発目標を統合し、一つの共通した枠組みとしてまとめたものがミレニアム開発目標（MDGs）です。MDGs が掲げる目標自体は必ずしも目新しいものではありません。しかしながら、先進国と開発途上国双方を含む世界中の指導者が人間開発（Human Development）を推進する上で最も国際社会の支援を必要とする喫緊の課題に対して、2015 年という達成期限と具体的な数値目標を定めて、その実現を公約したことは画期的なことです。MDGs の 8 つの目標はいわば、国際社会がとるべき行動の指針です。MDGs は、2015 年までに国際社会が達成すべき 8 つの目標と、18 のターゲット、48 の指標を掲げています。

(1) 極度の貧困と飢餓の撲滅（Eradicate extreme poverty and hunger）
ターゲット 1：2015 年までに 1 日 1 ドル未満で生活する人口比率を半減させる。
ターゲット 2：2015 年までに飢餓に苦しむ人口の割合を半減させる。

(2) 普遍的初等教育の達成（Achieve universal primary education）
ターゲット 3：2015 年までに、全ての子どもが男女の区別なく初等教育の全課程を修了できるようにする。

(3) ジェンダーの平等の推進と女性の地位向上（Promote gender equality and empower women）
ターゲット 4：初等・中等教育における男女格差の解消を 2005 年までには達成し、2015 年までに全ての教育レベルにおける男女格差を解消する。

(4) 乳幼児死亡率の削減（Reduce child mortality）
ターゲット 5：2015 年までに 5 歳未満児の死亡率を 3 分の 2 減少させる。

(5) 妊産婦の健康の改善（Improve maternal health）
ターゲット 6：2015 年までに妊産婦の死亡率を 4 分の 3 減少させる。

(6) HIV ／エイズ、マラリア、その他の疾病の蔓延防止（Combat HIV ／ AIDS, malaria and other diseases）
ターゲット 7：HIV ／エイズの蔓延を 2015 年までに阻止し、その後減少させる。
ターゲット 8：マラリア及びその他の主要な疾病の蔓延を 2015 年までに阻止し、その後減少させる。

第3章

学生たちは国境を越える

――国連情報技術サービス（ＵＮＩＴｅＳ）の挑戦

この章は、二〇〇七年五月二二日に関西学院会館でおこなわれた第九回関西学院大学総合政策研究科主催リサーチ・コンソーシアム記念事業パネル・ディスカッションの記録です。

column 5 世界の情報格差

インターネットは世界中に普及しつつありますが、インターネット利用者の 4 分の 3 以上は、世界人口の 14%を占める高所得 OECD 諸国に居住している（UNDP、2001）と言われています。UNDP (2007) によると、世界のインターネット利用者数は、1,000 人当たり 136 人です。これを所得レベルごとにみると、高所得国は 525 人、中所得国は 115 人、低所得国は 45 人となります。下図はさらに地域ごとに、インターネット利用者数を示していますが、OECD 諸国とそれ以外の地域では大きな差があることがわかります。このように国と国の間で情報格差が見られますが、中所得国や低所得国では国内でも情報格差が生じています。インターネット利用者は、都市部、さらにその特定の地域の住民に限られる傾向があり、高学歴・高所得層に偏っています。また、女性の教育や社会進出が遅れているところでは、男性利用者の比率が大きくなります。

関西学院大学 UNITeS ボランティアは、2007 年度までに、キルギスタン、スリランカ、ネパール、フィリピン、ベトナム、マダガスカル、モンゴルと 7 カ国に学生を派遣しています。これらの派遣国のインターネット利用者数を見ると、日本が 1,000 人当たり 668 人であるのに対し、ベトナムで 129 人、最も利用者の少ないネパールでは 4 人しかいないことがわかります。UNITeS ボランティアは、こうした開発途上国の情報格差解消を目的とした活動の一つです。

こうした格差是正のため米マサチューセッツ工科大学（MIT）メディアラボ（http://laptop.media.mit.edu/）では、カラー・モノクロ表示切り替えのディスプレー、手回し式の充電機能を持ち、OS にリナックス（Linux）を採用した、開発途上国の子供たち向けの低価格ノートパソコン “100 ドルラップトップ” を開発・供給しています。

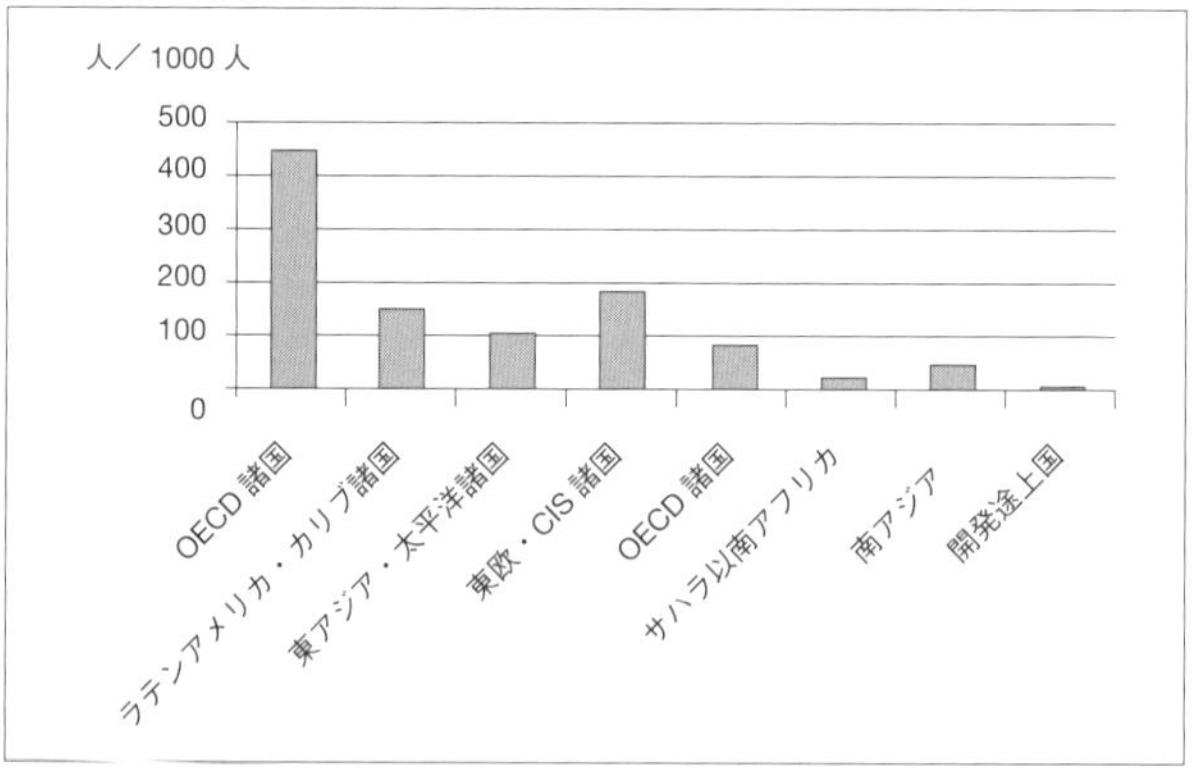

世界の 1,000 人当たりインターネット利用者数（2005 年）
(UNDP, 2007, Human Development Report 2007/ 2008)

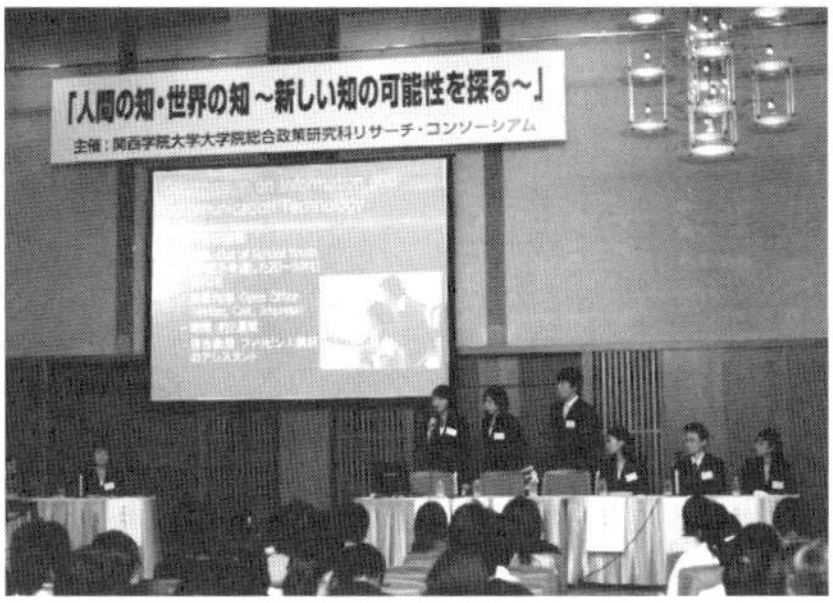

コーディネーター

村田俊一　総合政策学部教授・国連開発計画（ＵＮＤＰ）駐日代表

派遣学生

東郷知沙　文学部文化歴史学科四回生

平塚健太　総合政策学部メディア情報学科三回生

佐久間麻耶　経営戦略研究科国際経営コース一回生

小林万利子　総合政策学部総合政策学科四回生

有田和生　総合政策学部総合政策学科四回生

佐伯麻衣子　総合政策研究科二回生

コメンテーター

山口しのぶ　東京工業大学学術国際情報センター教授

西野桂子　特定非営利活動法人ジーエルエム・インスティチュート代表理事／グローバル・リンク・マネージメント株式会社専務取締役

浅野考平　関西学院大学副学長・理工学部教授
吉野太郎　関西学院大学総合政策学部専任講師／ＵＮＩＴｅＳプログラム・コーディネーター
伊角富三　関西学院大学国際教育・協力課次長

（所属は二〇〇七年五月現在）

モンゴル
面積一五六万平方キロ（日本の約四倍）、人口二五九万人、首都はウランバートル。民族は九五％がモンゴル人で、他にカザフ人等。言葉はモンゴル語、宗教はチベット仏教。産業は鉱業、牧畜業、軽工業で、ＧＤＰは約一二・五億米ドル（一人あたり約四八三米ドル）。

ウランバートル（Ulaanbaatar）
モンゴル国の首都。約一五〇平方キロ。約九六万人が居住している（二〇〇六年、国連開発計画『人間開発報告書』）。社会主義時代に街が整備されました。現在は、人口の一極集中が進んでいます。

村田　司会の村田です。これからの二時間、皆さんとともに「国境を越えていきたい」と思います。
　本日は、まずモンゴル、そしてフィリピンに派遣された学生の皆さんからそれぞれ二〇分ほど報告を受けてから、西野先生と山口先生にコメントを頂きます。トップバッターとしてモンゴルのグループを紹介します。東郷さん、平塚さん、佐久間さんの三人で、夏のモンゴル、極寒のモンゴル、どちらもカバーしていただきます。

モンゴルにて

東郷　私は二〇〇五年四月から九月まで、平塚は二〇〇五年一〇月から三月まで、そして佐久間は二〇〇六年一〇月からこの三月までモンゴルに派遣され、それぞれ半年間活動しました。
　はじめにモンゴルについて紹介します。モンゴルは中国とロシアに挟まれ、日本から飛行機で約五時間、面積は日本の約四倍、人口は約二五〇万人、そのうち約一〇〇万人が首都のウランバートルに住んでいます。産業は主に鉱業、

社会主義から資本主義
モンゴルは一九二四年に社会主義国（モンゴル人民共和国）となりました。しかし一九八九年末のソ連・東欧情勢に触発されてモンゴルでも民主化運動が起き、一九九二年に社会主義を完全に放棄しました。

e-モンゴリア（e-Mongolia）
二〇〇二年にモンゴル政府が掲げた、二〇一二年までにICT産業でアジアのトップテン入りを目指すという政策。ICTを新たな産業として活性化させるため、ICT企業の支援やICT教育の普及に力を入れています。

牧畜業等ですが、現在IT産業を活性化させようという動きが盛んになっています。

モンゴルでは、九〇年代始めに体制が社会主義から資本主義に変わってから、急速に経済が発展し都市化が進みました。特にウランバートルではビルが建ち車が増えましたが、地方ではそれほど発展していません。このように首都と地方の村に大きな格差が生まれています。

私たちが取り扱った特に大きな問題が、この首都と地方、そしてモンゴルと海外とのIT格差です。たとえば首都と地方の学校の設備等の教育格差、さらに経済格差、所得や雇用機会等の格差が広がってきています。

モンゴルのIT産業の現状について説明します。モンゴル政府は二〇〇二年に「e-モンゴリア」プログラムという政策をうちたてました。これは、二〇一二年までにIT産業でアジアの国でトップテン入りを目指すというものです。そのため現在モンゴルでは、ソフトウェア企業は約六〇社、IT専門家コースのある大学は二〇校と、どんどん増えてきています。

このように、モンゴルではソフトウェア開発やアウトソーシングの業務を促進中です。特に、高い技術力と言語能力をセールスポイントにして、アウトソーシングの機会をのばそうとしています。モンゴルの市場は規模が小さいため、海外に販路を拡大することが必要だからです。しかしモンゴルから、モンゴルのＩＴ企業の情報を発信する機会はあまりありません。

　私は地元の「ＪＭＩＴＡ（ジャパン・モンゴリア・インフォーメーション・テクノロジー・アソシエーション）」というＩＴ支援ＮＧＯに派遣され、ＩＴ企業のデータベース化、ＷＥＢサイトの作成・アップロードという仕事をしました（第4章参照）。図Ⅲ-1がそのサイトの一部です。この作業では、日本語版、英語版、（モンゴルで使われているロシア起源のキリル文字の）モンゴル語版の計三カ国のバージョンでＷＥＢサイトを構築しました。これによってモンゴルのＩＴ産業の現状を海外に発信し、海外からアクセスできる機会を創出することができました。

　そのほか、私はモンゴルの教育格差について調査しました。対象を首都、地方の村、遊牧家庭にわけて、学校別教員数、生徒数など教育普及率や、授業内容を調査しました。特にＩＴ教育では、地方の村においてＰＣ等の設備が不十分だったり、専門知識を持つ教員がいなかったりするなど、首都の学校との格差が顕著でした。また意識調査によれば、教員や生徒、保護者のほとんどが、

アウトソーシング（outsourcing）
外注、外製ともいい、企業や行政の業務のうち専門的なものについて、それをより得意とする外部の企業等に委託すること。

キリル文字
グラゴール文字をもとに、九世紀頃に作られ、ロシア圏で広く使われています。モンゴルでは歴史上、パスパ文字やモンゴル文字など五種類の文字を利用してきましたが、一九四〇年にキリル文字を使用する政令が発令され、一般の民衆にもキリル文字の使用が広がりました。

より良い進学や就職にＩＴ技術が不可欠だと考えていました。地方では満足のいく教育を受けることがかなり難しく、特に、地方の学校から首都の大学に進学した生徒が、ＩＴ授業についていけなくなるという問題があることがわかりました。

平塚　ＩＴ教育について報告します。先ほど紹介のあった「ＪＭＩＴＡ」、今はデジタル・デバイド解消部門が改名して「アカデミックリンク」に名称が変わりましたが、そこで「サクラ・プロジェクト」に関わりました。このプロジェクトは首都と地域間のデジタル・デバイドの解消を目指し、地方の学校にコンピューターを配布することを目的としています。

　このプロジェクトにはリナックスといわれる基本ソフト、いわゆるＯＳを使います。ウィンドウズと同じように、ＰＣで基本的な作業をするＯＳですが、ウィンドウズとの一番の違いは「無料」であるということです。リナックスのようなオープンソースソフトウェア（ＯＳＳ）の基本概念は、「自由に使用できて、改変することもできるし、配布してもかまわない」ことです。サクラ・プロジェクトでは大量のＰＣを配布する必要があったことから、リナックスを使うことにしました。

リナックス（Linux）
Ｗｉｎｄｏｗｓに似たコンピューター用オペレーティング・システム（ＯＳ）。フィンランドの大学生だったリーナス・トーバルズが一九九一年に開発、その後、多数の人々の協力で改良される典型的なオープンソースソフトウェアとして普及、基本的に無料です。

ウィンドウズ（Windows）
アメリカのマイクロソフト社が開発したＰＣ用オペレーティング・システムの総称。有料。全世界シェアのほとんどがこのＷｉｎｄｏｗｓです。最近は主に発展途上国で行われる違法コピーが問題とされています。

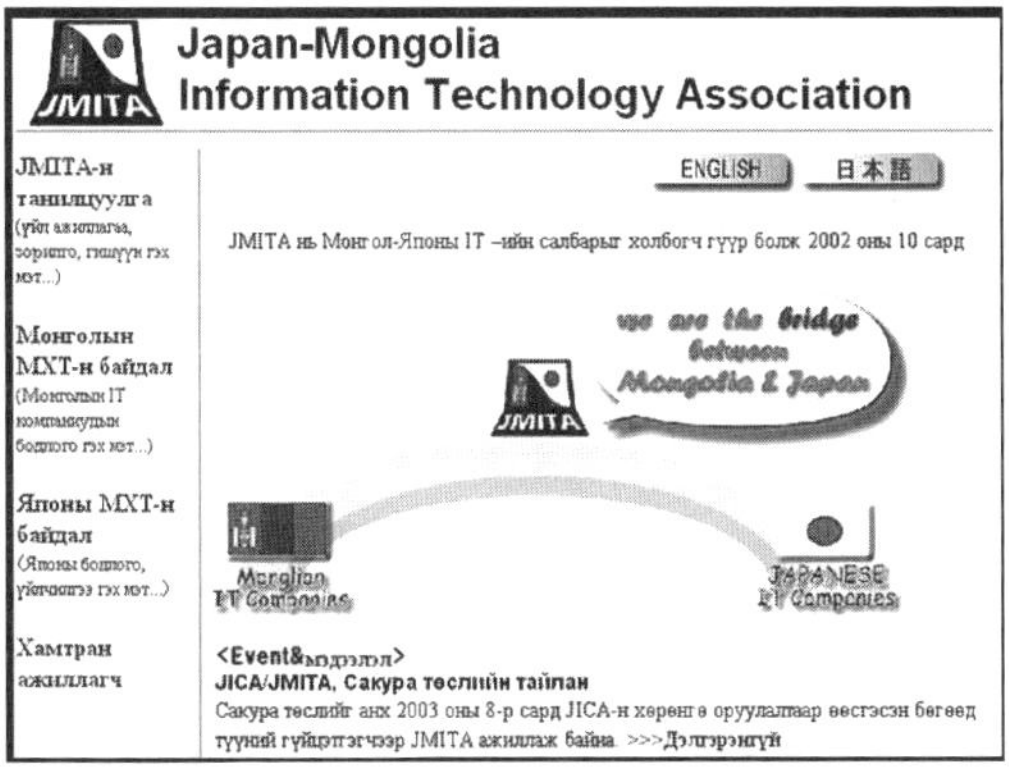

図Ⅲ-1　モンゴル語化された WEB サイト

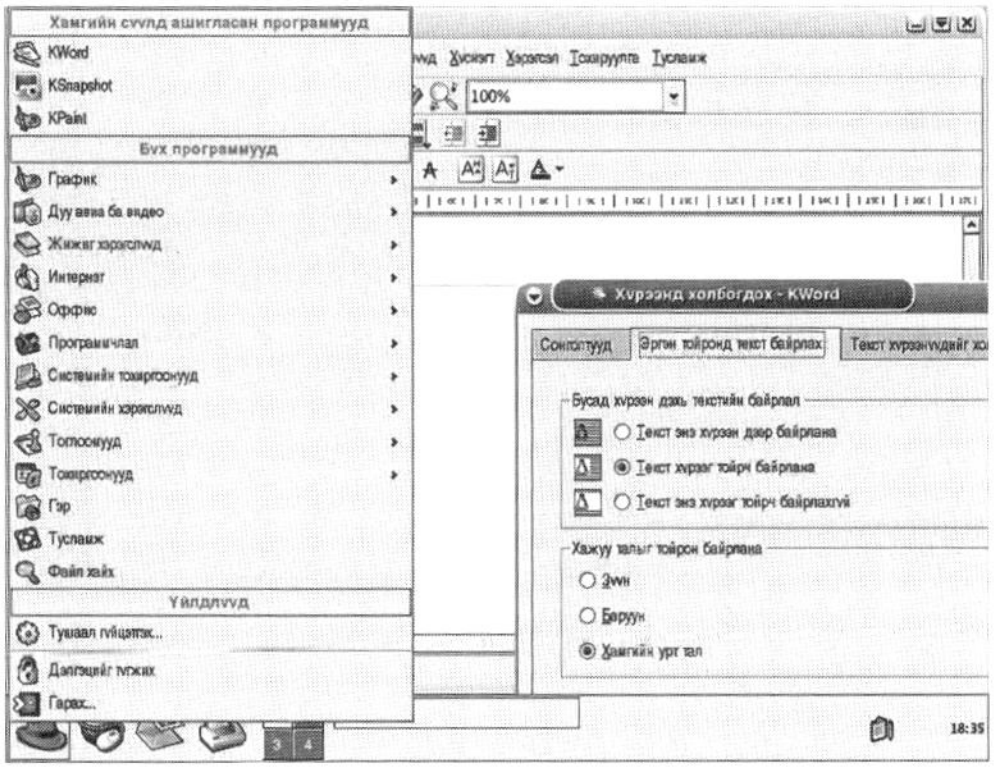

図Ⅲ-2　モンゴル語化された Linux の画面

図Ⅲ-2がリナックスの画面です。見た目にはウィンドウズとあまり変わりません。使い方もほぼ同じです。私の任務はこのリナックスのモンゴル語バージョンを作ることでした。

それまでモンゴルで使われているリナックス、及び違法コピーのウィンドウズはすべて英語でした。皆さんも想像できると思いますが、すべてが英語ですと、どれだけ使いにくいものか！　日本語バージョンがなければ、日本でもここまで広がらなかったと言っても過言ではありません。したがって、モンゴル語のインターフェイスを作ることは、画期的なアイディアだったわけです。

開発期間は約二ヵ月半という短いものでした。その間に約五〇〇〇文字以上の翻訳が必要でした。翻訳そのものはモンゴル人の学生に任せましたが、翻訳が遅かったり作業が行き詰ったりと、頭を悩ますこともありました。しかしその甲斐あって、デスクトップとワード、表計算、プレゼンテーションツールの主要アプリケーションをモンゴル語に翻訳することに成功しました。

先ほど紹介したリナックスの画面ですが、ところどころモンゴル語（キリル文字）であることがおわかりでしょうか。こちらのメニュー、左側ですと「HOME」と英語で表示されていますが、右側では「Гэр」、これは「ゲル」

OSS
(Open Source Software)
ソフトウェアの設計図であるソースファイルを無料で公開し、改良、再配布が自由におこなえるようにすること。また、そのようなソフトウェア。

インターフェイス
(Interface)
一般には機器が他の機器と交信・制御をおこなう接続部分。とくに、コンピューターと周辺機器、あるいはヒトとコンピューターの接点をさします。

と読みます。モンゴルで「家」という意味です。

私はこのリナックスを載せたＰＣを、このプロジェクトで地方の学校一六校に配布しました。導入した学校の生徒からも「使いやすい」「わかりやすい」という評価を得ました。先生方からも「自分たちで翻訳して生徒に伝える必要が無くなり教えやすい」という意見を頂きました。

二〇〇六年一二月、関西学院大学から中古ＰＣを一〇〇台、モンゴルに寄付していただきました。これによりデジタル・デバイドのさらなる縮小が期待されます。中古ＰＣには、二〇〇六年度秋学期に派遣されていた岡田恵、高橋亮が作成したモンゴル語版ソフトを組み込んだ二代目のリナックスが搭載され、まだ導入されていなかった学校に配布されました。関学からのＰＣの寄贈式に参加した我々は、モンゴル共和国教育文化科学省副大臣と会見して、寄付と開発に感謝の言葉を頂きました。写真中央の方が副大臣です。我々の活動がモンゴルの発展に多少なりとも貢献できたことを非常に誇りに思っています。

関学が寄付したＰＣには、アカデミックリンクと関学のロゴが入ったステッカーが貼られています。関学の寄贈ＰＣと、我々が開発したソフトウェアを使うことで、モンゴルの子どもたちが早い段階からＩＴリテラシーを勉強できる

ゲル（Гэр）
モンゴルの遊牧民が住む、伝統的なドーム型移動式住居のこと。そのままモンゴル語で、「家」という意味もあります。

図Ⅲ-3　KG 中古 PC 贈呈式
（2006 年 12 月、モンゴル）

ＩＴリテラシー
情報または情報を用いたツール（コンピュータなど）を使いこなせる能力のこと。コンピュータの使用技術はもちろん、情報を整理し、加工し、結果を表現するための基礎知識などを指します。

ようになり、デジタル・デバイド縮小にお手伝いできたことを嬉しく思っています。

佐久間　私は二〇〇六年一二月から今年の三月まで「エンタープライズ・モンゴリア」という、貧困削減を目的としたプログラムに派遣されました。冒頭でも触れたように、モンゴルでは九〇年代始めに社会主義から資本主義へ代わって以来、経済が急速に発展し都市化が進みました。その結果、地方の人は取り残されてしまいました。その影響は今でも続き、地方では雇用機会も少なく、失業率も高く、貧困状況は深刻です。

このプロジェクトは、ＵＮＤＰモンゴル事務所の協力のもと、モンゴル通商産業省がおこなっています。目的は、零細・中小企業、企業家に対してビジネス開発サービスを提供するほか、所得の向上・雇用機会の創出を図って貧困削減を実現するというものです。この目的を達成するために、一村一品運動とローカルクラスター支援運動の二つが導入されています。

一村一品運動とは、昭和五四年、大分県の平松県知事が「地域に住む人々が自ら誇ることのできる特産品を見つけ出し、国内だけでなく国外の人々にも買ってもらえる魅力ある商品にすることで地域経済活性化を目指す」と提唱し

キャパシティ・ディベロップメント
キャパシティとは途上国の「課題対処能力」をさし、「その課題対処能力が個人、組織、社会等で相対的に向上していくプロセス」のこと。

マイクロ・ファイナンス
金融機関から融資を受けられない貧困層を対象とする小額の融資や貯蓄、少額保険等の金融サービス。

た活動が始まりです。ローカルクラスター支援運動は、「特定産品・サービスに従事する人々をグループ化し、グループで仕入れや製造などを協力し合うことでビジネスの効率化をはかる」という運動です。

この二つの活動には、（1）キャパシティ・ディベロプメント、（2）マイクロ・ファイナンス支援サービス、（3）マーケティング支援、（4）政策対話・法整備の四つのサービスが、各地区の地方センターからモンゴルの人々に提供されています。私は、モンゴルの中央地域に属しているスフバートル地方センターと、全プロジェクトを統括するウランバートルのオフィスの両方で活動しました。

スフバートルは、ウランバートルから北に三四〇キロメートルほど離れたロシアとの国境付近に位置しています。北京からロシアに続く国際鉄道の駅があり、他の地方に比べてインフラが整っています。しかし、その特性が地域活性化に活かされていないのです。失業率も、今は改善しつつありますが、まだまだ深刻です。

派遣された地方センターでは、ローカルクラスター支援運動をおこなっていました。同業者を集めた六つのグループをつくり、それぞれにビジネスコンサルティングやトレーニング等を提供しています。私が実際におこなった活動は、調査と日常業務のサポートの二つに分かれます。

まずクラスター調査ですが、支援の対象者あるいは希望者にインタビューして基礎データを集めました。地方の市場などを周り、スフバートルの街の情報を集めました。日常業務のサポートでは、現地スタッフへのＰＣ指導をおこないました。また、私たちが帰国した後も作業ができるようにマニュアルを策定しました。

ウランバートルでは、一村一品運動と、新設される地方センタースタッフへのＰＣ指導をおこないました。一村一品運動について、プロジェクトでは将来モンゴルの生産品を日本に輸出したいと考えています。そのための手続きや翻訳、資料作成等のサポートをしました。また、プロジェクトとその生産品に関する日本語版パンフレットを作りました。

二〇〇七年の二月末にモンゴルの首相が日本を訪れました。それをきっかけとして、私たちのプロジェクトの支援を受けてできたカーペットが、成田空港の一村一品マーケットに置かれることが決まりました。私たちが作ったパンフレットも製品と共に置かれています。

図Ⅲ-4　一村一品マーケットのパンフレット

東郷　ＵＮＩＴｅＳを通じて学び得たことはたくさんあります。中でも私が強く感じたのは、何をするにしても一歩踏み出す行動力が必要だということです。私の場合、モンゴル人の方と仕事をすることが多く、調査活動では政府の官庁や国際機関等に飛び込み、交渉し、資料を頂いたり、仕事を依頼しました。頭の中で考えているだけではなく、まず行動してみる。それからまた考える。それが重要だと感じました。

平塚　今回はＯＳの開発期間が短く、さらに翻訳量が膨大でした。モンゴルの学生さんたちに任せていたのですが、修正に要する時間が大幅に増え、期限が迫ってくるなか、最後は休み無しで作業しました。この経験から、タイムスケジュール管理の大切さについて身をもって学ぶことができました。特にモンゴルの翻訳ボランティア学生のマネージメント等、他人とコミュニケーションをとりながらタイムスケジュールをつくることの大切さを学びました。

佐久間　私は、異文化を通じて自分を主張することの難しさと重要さを感じました。派遣されていたプロジェクトでは、常に自分で仕事を見つけていかなければなりませんでした。自分で仕事を見つけ、状況を見てフィードバックを図り、仕事を進めます。そのプロセスの中では、相手から意見が得られなかったり、受け入れられなかったり、困難なことも多くありました。しかしどんな時も、自分の主張を持つと同時に、相手の文化、時間軸の違いなどを理解しながら接していくことが大切だと思いました。また、私にとって今後のキャリアに何が必要なのかを知りました。モンゴルで働いている日本人の方々とお話させていただくなど、そのお仕事を知るうちに、冷静に自分の将来について考えることができました。

村田　ありがとうございました。ＵＮＩＴｅＳではこれまでに一二人の学生ボランティアをモンゴルに派遣しています。また、本日二人の女子学生がモンゴルに派遣されました。おそらく今、飛行機の中ではないかと思います。私も、極寒のモンゴルに九二年から九四年まで三年間ＵＮＤＰの副代表として滞在いたしました。かの地の様子はよくわかりますだけに、もうすぐ現地に着く二名の学生たちを心から応援したいと思います。

フィリピンにて

続いてフィリピンの報告です。極寒のモンゴルから高温多湿の地に飛んでまいりますが、二〇〇六年度には小林さん、有田君、佐伯さんをはじめとする六人がチームとして派遣されました。その中で有田さんと小林さんがコミッション・オブ・インフォメーション&コミュニケーションテクノロジー(CICT)という政府機関について、そして佐伯さんがNGOについて報告します。

有田　まずフィリピン共和国の概要に触れてから、私たちの先輩方にあたる二〇〇五年度の派遣生の紹介をした後に、私たちの活動をお話しします。

フィリピンは東南アジアに位置する国です。総人口は約八三〇〇万人、そのうち約一千万人が首都のマニラに住んでいます。公用語はタガログ語及び英語ですが、約八〇の言語が国内各地で話されています。宗教は、国民の約八三%がカトリック教徒です。

フィリピンはまた、生活において大きな格差が存在する国です。国民の約二〇%が一日一ドル以下の収入で生活している反面、非常に裕福な生活を送る人もいます。

タガログ語(Tagalog)
フィリピンの言語の一つ。オーストラロネシア語族に属し、英語とともに公用語。ルソン島を中心に第一言語として約二千万人、第二言語として約五千万人が使用しています。

図Ⅲ-5　ジープニー（マニラ市内）

皆さん、図Ⅲ-5の写真に写っているこの乗り物をご存知ですか。数年前に「うるるん滞在記」というテレビ番組で紹介されたジープニーという乗り物です。これは私の主な通勤手段で、朝の六時に起きてこれに乗り、晩の七時くらいにこれに乗って帰ってくるという生活を送っていました。乗り合いタクシーですが、すごいスピードで、車線を無視し、色んなところを走ってくれるという便利な乗り物です。

図Ⅲ-6の写真の乗り物はカレッサといいます。フィリピン海岸部は昔スペインの植民地であった名残があり、風流があって観光にはもってこいの場所です。海岸地域ではこうしたタイプの馬車が多く運行しています。かわいい馬に二〇〇ペソという料金の約束で乗ってみたのですが、降りてから六〇〇ペソを要求されたという、なかなか思い出深い乗り物です。

ＵＮＩＴｅＳ派遣生の貴重な経験とでも言うべきものとして、地方出張時に、その地方の方が振舞ってくれたココナッツの実から直接ジュースを飲んだことがあります。注意しなければいけないのは、空腹時に飲むとお腹が下るということです。初めて飲んだ時に、それを知らずに昼食前に飲んでしまったので後で大変なことになりました。またフィリピンは、国民の約八〇％がカト

図Ⅲ-6　**カレッサ（マニラ市内）**

オンラインカタログ
インターネットで商品情報を公開して商取引をおこなったり、図書館等での検索するため、WEB上で公開されているカタログ。UNITeS二〇〇五年度派遣生がKAISAでの活動の一環として作成したWEBページで、当該NGOが発行した書籍が記されています。

リック教徒です。日曜になると教会のあたりはとても賑わっていて、色んな出店が道路までせり出してきます。

次に、私たちの先輩の活動を簡単に紹介します。二〇〇五年度では三つの機関に派遣されました。（1）華僑コミュニティNGOのKAISA、（2）農業研究組織のPRADFARM、（3）ボランティア仲介NGOのピノイ・リンです。先輩方はここでオンラインカタログの編集、NGO紹介のためのWEBサイトのデザインや作成に従事していました。

小林　我々が派遣された二〇〇六年度UNITeSボランティアでの派遣機関と活動内容について説明します。この年は関学から学生が四つの機関に派遣されました。（1）CICT：小林、有田、鈴木の三人が派遣されたICT政策を統括しているフィリピン政府機関、（2）YAFE：佐伯が派遣された環境問題について啓発活動をしている教育NGO、（3）パートナーシップ・フォー・クリーン・エア（PCA）：これは環境NGOで、一名が活動しました。（4）ピノイ・リン：ボランティア仲介NGOで、一名が活動しました。

まずPCAですが、この機関はアジア開発銀行と提携してフィリピン国内の環境問題、特に大気汚染について啓発活動をしているNGOです。ここでの担当業務は、活動紹介のＷＥＢサイトの作成でした。また、ピノイ・リンでは昨年度に派遣されていた先輩方の作業を引き継ぎ、ボランティア希望者とボランティアの派遣を希望する企業のコーディネートをサポートするためサイトを作成しました。

続いて、私と有田が派遣されたＣＩＣＴについて説明します。ここはフィリピン国内で情報格差を是正するため、教育現場でのＩＣＴトレーニングの統括をしたり、一般市民のために無償でＰＣ教室を実施している政府機関です。担当した業務は、ＰＣ教室で使用する教材作成およびアシスタント業務、活動内容を紹介するＷＥＢサイトのデザインなどでした。

私たちが作成を依頼された教材の対象は、（１）小中学校や高校の教員、（２）高校生、（３）起業を考えているビジネスマン、（４）六〇歳以上の高齢者の四つです。私たちはそれぞれにあわせて四種類の教材を作成することにしました。マイクロソフト・オフィスと互換性が高い無償ソフトに「オープン・オフィス」があります。このオープン・オフィスのうち、ワード、エクセル、パワーポイントと同等の機能を持つ「Ｗｒｉｔｅｒ」「Ｃａｌｃ」「Ｉｍｐｒｅｓｓ」、リナックス、インターネットの基礎知識や基本的使用法等をＰＣ教室で教えました。

　私たちは従来のマニュアルをブラッシュアップするため、わかりにくい項目の編集、不足項目の追加、レイアウト等の調整のほか、練習問題を作成しました。図Ⅲ-8は、新たに追加したヤフー・メッセンジャーの使用マニュアルです。以前使用していたマニュアルのレイアウトは二段組みでしたが、わかりやすくするため一段組みに変更しました。また、新たにスクリーンショット等を追加しました。

　PC教室でのアシスタント業務ですが、このPC教室は「アウト・オブ・スクール・ユース」と呼ばれる、学校を中退した二〇～五〇代、約二〇名の方を対象に無償でおこなわれていました。先ほどのオープンオフィスソフトウェアやリナックス等の使用方法等を二週間で教えます。私たちはフィリピン人講師のアシスタントとして、授業についていけない生徒のお手伝いをしたり、生徒からの質問に答えたりしました。

　この教室では、英語とフィリピンの公用語であるタガログ語が交じり合ったタガリッシュが使われています。私の担当した授業はインターネットの使い方とヤフー・メールを扱っていたのですが、生徒はほとんどPCを見たこともな

ワード、エクセル、パワーポイント
マイクロソフト社製の代表的アプリケーションソフト。それぞれワードプロセッサー、データベース・表計算、プレゼンテーション用に広く用いられています。

ヤフー・メッセンジャー
Ｙａｈｏｏ！が無償提供しているサービス。専用のソフトウェアをインストールし、インターネットに接続することで一対一、または複数とリアルタイムでテキスト（文字）のやり取りが可能。

オープン・ソース
著作権を尊重しながら、ソフトウェアのソースコードがオープンに公開されていることを示す概念。

い方が多く、ヤフーのアカウントが作成できると、皆さんとても喜んでおられました。その際に生徒の方の何名かとメール・アドレスを交換して、今でも時折メールのやり取りをしています。

教材作成やアシスタントと平行して、CICTからWEBサイトのデザインを依頼されました。目的は、政府機関と提携している大学や、NGOが提供するIT講座の広報です。もう一つはユーザーの方が自分でアカウントを作って、たとえばWriterの授業に登録する等、希望講座への登録（私たちはオンライン登録システムと呼んでいました）のデザインをしました。

このサイトを作るうえで、政府機関の方と何度も話し合いました。どんなデザインか、維持はどうするのか、担当は誰かということに関して話し合い、紆余曲折はありましたが、二つのオープンソースソフトウェアを用いて構築することに落ち着きました。一つはMamboで、WEBサイトのコンテンツの管理や更新を容易にします。もう一つはATutorで、受講者の出欠管理や教材のダウンロード、簡単なテストもオンラインでできるもので、クラスの運営がしやすくなります。

佐伯　続いて、私が参加したヤング・アーティスト・フェローシップ・フォー・

図Ⅲ-7　PCA の WEB サイト

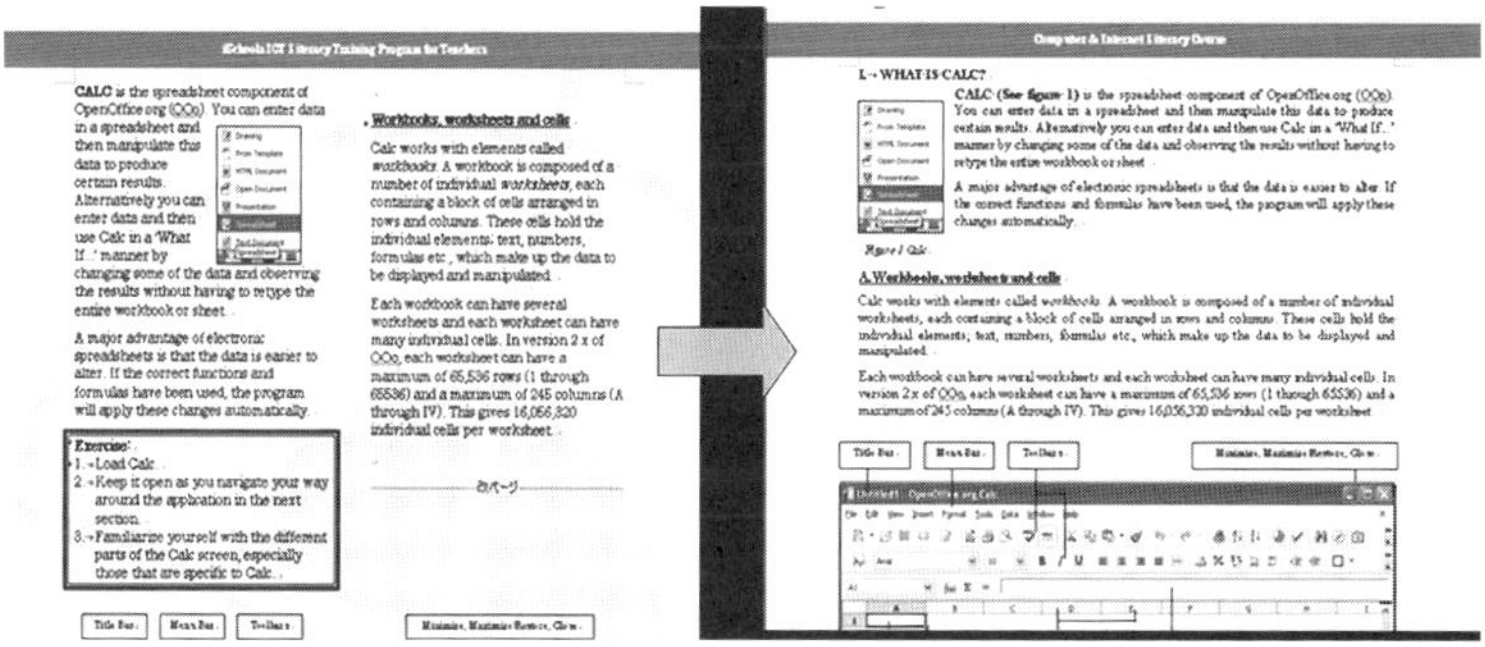

図Ⅲ-8　新旧のヤフー・メッセンジャーのマニュアル

図Ⅲ-9　**ナショナルハイスクールの生徒たち（フィリピン）**

ザ・エンバイロメント（ＹＡＦＥ）をご紹介します。これはフィリピンの青年を中心としたＮＧＯです。主な活動場所はラグーナ県ナシコ・ナショナルハイスクールで、首都のマニラから一時間半ほどの農村部です。プロジェクトの対象は高校生、中学生、学校の先生、村人等、全体で二百人以上でした。

村に初めて日本人が来るというので、多くの方が同時にＰＣにも関心をもってくださいました。図Ⅲ-9の写真に写っているのは一五、六歳の女の子です。黒板を見てください。日本語教室を実施しています。彼らに日本語を教えて、彼らからタガログ語を学ぶのが、私のタガログ語習得の一手段です。

実際に教えた内容は、マイクロソフトのワード、エクセル、パワーポイントの基礎的技術です。ＰＣ教室では、ＹＡＦＥのメンバーへの個人講習から始めました。目的はメンバーからチューターを育成して、持続的なＰＣ教室の運営を目指すことです。私の派遣期間が終わってもＰＣ教室を運営し続けられるように、主に一五～一九歳のメンバーに教えてチューターを育成しました。図Ⅲ-10の写真でも、一六歳の男の子が一二歳の男の子に教えています。習得した技術を教えることで自分自身のスキルが高くなると考え、このプロジェクトを始めました。

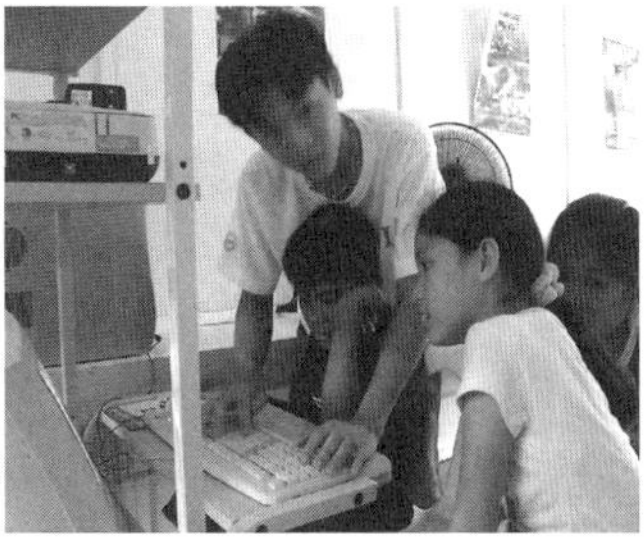

図Ⅲ-10　現地少年による PC 指導（フィリピン）

バギオ
ルソン島北部に位置する標高約一五〇〇メートルの高山都市。年中冷涼な気候で、三―五月にかけて大統領府などの政府機関が移転することから、「サマーキャピタル」とも呼ばれています。

次に中高生向けのウェブ講習も始めました。これは学校の授業の中にも取り入れていただき、講習を通じてＩＣＴを身近に感じることを目的としました。ＰＣ技術が全くない農村だったので、まずはＩＣＴに親しんでもらう観点から、このプロジェクトを始めました。

有田・小林　派遣期間中は、オフィス以外に、農村部への出張に同行させていただいて、農村の人々に接する機会がありました。そこでの活動を紹介します。

たとえば、バギオへの出張に同行させていただきました。バギオはフィリピンの高山都市で、避暑地として有名です。出張では、今後のＩＣＴ政策の実施方法や、各機関の連携の取り方を話し合う合同会議に出席したり、ストリートチルドレンの教育活動をおこなっているＮＧＯや大学の施設を見学しました。

バギオにはイスラーム系の貧しい移民の家庭のストリートチルドレンが多いそうです。しかしＮＧＯの方のお話では、実際には裕福な家庭に生まれているのに、周囲の環境の影響や友達関係等からストリートチルドレンになっている子どももいるとのことでした。

小林　私はスモーキー・マウンテンの施設の見学にも同行しました。テレビ等

スモーキー・マウンテン
フィリピンマニラ市北方に位置するスラム街。元はゴミ捨て場であった場所にゴミ収集によって日銭を稼ぐ人々が住み着き、急速にスラム街化しました。現在、かつての住民の多くが公共住宅を与えられ退去させられました。

図Ⅲ-11　保健衛生講座（フィリピン）

でも取り上げられているので皆さんもご存知かもしれませんが、ごみ山で有名です。現在ではごみ山は存在せず、マンション建設が進んでいました。それまでごみ拾いをされていた方が、そのマンションで生活されています。

写真は現地のＮＧＯが実施している母親向けの保健衛生講座の様子です。遠くから見ると雑草が生えているふつうの丘なのですが、近づくと、土の間からビニール袋や空き缶等のごみの残骸がのぞき、ゴミ山の名残がうかがえます。夏の暑い日等は腐敗したごみのために、煙が立ち上ることがあるそうです。

佐伯　次にラグーナ県ナシコの農村部の暮らしを紹介します。皆さんの南国のイメージと一致するかもしれませんが、椰子の木やココナッツ、バナナの木が生い茂った村です。歩いているのは公立学校の子どもたちです。この村はわずかな電力しかなく、水道設備や電話線がありません。もちろん私も井戸水を汲んでのどを潤し、雨水を使って身体を洗っていました。

この村の主な収入源は他国への出稼ぎです。特にカタール等、中東地方に父親もしくは母親が出稼ぎに行っている家庭が目につきます。日本への出稼ぎも多く、フィリピン女性でエンターテイナーとして出稼ぎに行く人もいます。中には親族と連絡が取れなくなってしまった人もいました。

出稼ぎ
フィリピン農村部における就労形態のひとつ。居住地域での就業先が少ないため、カタールをはじめとした中東、香港などに家族の誰かが一定期間出稼ぎに行き、収入を得て生計を立てている家族が多くみられます。

エンターテイナー
日本に就労先を求めて来日してくるフィリピン人女性の就労形態のひとつ。日本にダンサーとして来日したフィリピン人女性は、フィリピンパブをはじめとした娯楽施設で働いて収入を得ています。

図Ⅲ-12はココナッツの加工工場の様子です。ココナッツを飲んだ後に、殻を加工して肥料にしています。写真は実際に肥料にしている様子です。この肥料は日本にも輸入される等、この村の一つの産業として現在発展中です。

最後に派遣を通じて学んだこと、感じたことをそれぞれ発表します。まず私はインフラ政策の重要性を感じました。わずかな電力しか無いところでPC技術を教えることは、想像以上にとても難しいものでした。その中で役に立つものを探して教える、また相手のニーズに応えることも大変難しく感じました。

小林　私はフィリピンにおける貧富の格差の大きさを実感しました。マニラ中心部には日本に匹敵するくらいの、大きくて立派なショッピングセンターが立ち並んでいて、ブランドショップもたくさん存在します。

ところがその道をひとつ外れると、段ボールで生活をしている人もいます。ストリートチルドレンも多く、先ほど紹介したバギオでも、貧困のために学校を中退してごみ拾いをしている子どもたちがたくさん存在します。その一方で、マニラの裕福な家庭の子どもたちは、大学に行ってより豊かな生活ができるのです。NGOの方に伺った話ですが、フィリピンには負の連鎖が大きく残っています。貧困のために学校を中退して仕事に就こうとする子どもがいて

図Ⅲ-12　ココナッツ加工工場（フィリピン）

ストリートチルドレン（street child / kid）
路上で働いているか、あるいは路上で寝泊りしている、家族や社会から適切に保護されていない子ども。フィリピンでは、その多くが花飾りや小物売り、荷物運びなどを行って現金収入を得ています。

も、その多くは学歴がないので高収入が得られる仕事に就けず、結果的にごみ拾いに収まってしまう場合が多く、いつまでたっても負の連鎖を断ち切ることができないという現状があるそうです。フィリピンの就学率は、小学校では一〇〇%ですが、高校卒業は五〇%と、ほぼ半分が中退してしまいます。負の連鎖を断ち切るために、教育をより普及させることが重要だと感じました。

有田　私はボランティアの立場の難しさを強く感じました。ＵＮＩＴｅＳプログラムは大学側のコーディネーターや、現地の国連関係者、フィリピンの政府機関の方など、多様な関係者と一緒に働くプログラムです。その方々の仕事のやり方を尊重したうえで、自分たちができることを効果的にアピールし、付加価値をどう提供するかが難しく、かつ非常にやりがいのあることでした。これでフィリピン派遣生の報告を終わります。

国際現場の先輩たちからのコメント

村田　最初に西野さんからコメントと質問をいただきましょう。

西野　会場に若い学生さんたちがたくさんいらしているのですが、会場の皆さ

図Ⅲ-13　西野氏

んに質問したいと思います。この六人の先輩たち、または同期生かもしれませんが、かっこいいと思いませんでしたか？　思った人は拍手して下さい（拍手）。それでは、モンゴルやフィリピンに行ってみたいと思った人、手を挙げてみて下さい。かなりいらっしゃいますね。ありがとうございます。

最初に会場の皆さんに質問をした理由ですが、私はＵＮＩＴｅＳプログラムは素晴らしいと思うのです。発表をしてくれたのは学生です。国連職員でも、国際協力機構の職員でも、外務省の職員でもない、学生があれだけのプログラムをやった。その背景には関西学院大学の先生たちの厳しいトレーニングがあったと思いますが、どうでしょう？

平塚　相当厳しかったですね。僕は先ほどリナックスに触れましたが、それまで見たこともありませんでした。プログラムを作るためにも、先生方の部屋でひたすら徹夜で作業していました。

西野　それだけの訓練があってこそ、すばらしい経験、貢献ができたのだと思います。私は大学院を終えて、一番初めにバングラデシュに派遣されました。ユニセフ（ＵＮＩＣＥＦ）という国連機関の職員として派遣されたのですが、トレーニング期間はバンコクで二週間くらいでした。ＵＮＩＣＥＦの組織と

ユニセフ（UNICEF：United Nations Children's Fund）
国連児童基金。一九四六年設立。初め戦災国の児童の救済・福祉・健康改善を目的とし、食品・衣服・薬品を児童・妊産婦に供給。五三年常設化。

か、色んなことは教えていただいたのですが、「とにかく行って下さい」という国連のシステムによって、バングラデシュに降り立ったわけです。右も左もわからず、トレーニングもほとんどなく、すごい苦労をしました。ですから、私がＵＮＩＴｅＳプログラムに参加していたら、どんなに良かっただろうという気持ちです。

さて、皆さんは現地の人たちと色んな関わりがあったと思います。ＩＴの仕事の他に教育格差の調査等、いろいろなことをされたと思いますが、住民の皆さんとのふれあいで何が印象に残っているのか聞かせてください。

有田　仕事を通じてお話をさせていただいたことももちろん印象的ですが、より有意義だったのは、バギオへの出張でＮＧＯの方がストリートチルドレンにインタビューするのを拝見したことです。大学で勉強していることを実際に体感できたことは、私にとってとても有意義でした。

佐伯　フィリピンにはエンターテイナーの方が多く、その中で、高校生なのに半年休学して日本に行き、帰国後に復学した女の子のことが印象に残っています。私は村で日本語と英語しか喋れず、彼女に通訳してもらいながら、日本での生活について聞いたり、日本語とタガログ語の翻訳ができる本をもらったりして、いろいろな話をし、また、問題も深く感じました。

小林　派遣の初めの頃のことです。オフィスの方に高齢者向けの教材作成を依頼された時、「フィリピンの高齢者のことを知らないのに作れるの？」と言われ、本当にその通りだと衝撃を受けました。それからはフィリピンの高齢者の方とできるだけ接するように、周りの方の出張の折には同行させていただくようお願いしたり、積極的に自ら住民の方に触れる機会をもたせて、意識するきっかけになりました。

西野　異国で外国の人にふれあう。そこには異文化間の衝突もあるし、言葉が通じなかったり、食べ物が合わなかったり、お腹を壊したり、色んな経験をする。でもその一つ一つが自分の肥やしになり、栄養になり、それで成長していくのです。ここにおられる学生さんも行く前と行ってからでは、一回り以上大きく成長したと思います。

あと、インフラの重要性の話がありました。我々は、蛇口をひねれば水が出る、スイッチを押したら電気がつく、冷蔵庫の中には冷たい水があるのが当然、五、六歳になれば小学校に行くのが普通と思っています。そういう整った場所から何も無い場所に行った時に、「無い状態」とはどういうことか、未知

インフラ（infrastructure）
インフラストラクチュアの略。下部構造の意。道路・鉄道・港湾・ダムなど産業基盤の社会資本のこと。最近では、学校・病院・公園・社会福祉施設など、生活関連の社会資本も含めます。

との遭遇という形で体験するんだと思います。私たちは、世界の中では非常に限られた特権階級なのです。その特権階級で生まれたという意識を忘れてはいけないと思うんですね。

色んな地域に行って体験する。あるいはこういう場で様々な発表に接して、「他の国はこうなんだ」「その前に電気がきてないんだ」「インフラが大事なんだ」「PCが無いんだ」「PCを学びたいと思っても大事です。これこそが「開発教育」なのですが、大学生からではなく、もっと高校生、中学生、小学生といった時から、我々が置かれた状況と世界の人々が置かれた状況の違いを感じながら暮らしていくことが大事だと思います。

村田　ありがとうございました。後ほど、コーディネーターの先生方の苦労話をお聞きしたいと思います。それでは山口先生お願いします。

山口　私は皆さんよりもう少し経験を積んでからユネスコで働いていました。大学院に在学中、国連アソシエート・エキスパートの試験を受け、卒業と同時にヨルダンのアンマンオフィスに派遣が決まりました。現地のことを勉強し、「よし行くぞ」と思っていた前日に湾岸戦争が勃発し、ニューヨークで足止めされました。しばらくニューヨークに滞在するように言われたのですが、アン

湾岸戦争
一九九〇年八月のイラクによるクウェート侵攻を機に、翌九一年一月アメリカ合衆国が中心になり、多国籍軍がイラク軍を攻撃しました。イラク軍は大損害を受けて、クウェートから撤退、四月六日に停戦しました。しかし、フセイン政権が存続したことから、二〇〇三年のイラク戦争に至ることとなります。

マンオフィスも緊急避難受け入れで忙しく、本部で待機することになり、急遽ユネスコのパリ本部に行きました。私の場合、トレーニングがなかったばかりでなく、予定外のところに派遣されたのが始まりです。ですから、学生時代に先生方からこれだけトレーニングの時間を割いていただくことができるのは、とても貴重な経験だと思います。

それでは、モンゴルに関する三つのコメントを中心に質問したいと思います。質問には、フィリピン派遣の方も答えてください。

まず一点目です。私は、東京工業大学のプロジェクトチームとしてここ三年間、モンゴルのＩＴ教材の導入に関わっていました。そのため、四月初めまでモンゴルにおりました。偶然ですが、現地で関学から派遣されている学生の評価を聞きました。そのことについてお話します。二点目は「中古ＰＣを一〇〇台導入した」というお話がありましたが、なぜそれが重要なのかという、私の観点からのコメントです。三点目は「若い時にこうした経験をすることが、なぜ良いのか」について、会場の皆さんと共に考えてみたいと思います。

一点目ですが、実は二年ほど前に、モンゴルの教育省の方と共同でこのサクラ・プロジェクトの評価をしたことがあります。質問票を五三校全校に送って

図Ⅲ-14　リナックスを使う小学生（モンゴル）

七五％の回答率を得ました。その頃からプロジェクトに関わっていた現地の方と話をする機会があったので、「関学からのＵＮＩＴｅＳから学生が来ていますが、皆さんどうですか？」と聞いてみました。

特に印象的だった三点をお話します。一つめは「グレート・コントリビューションである。多大なる貢献だ」。重ねて「どういう点がですか？」と聞くと、「彼らはきちんと勉強してきている。何が必要かわかって作業をしている。自分で考えている」「小さいことでも考えながらやっていることで貢献している」。先ほど触れられた「モンゴル語版リナックスを作るだけではなく、実際に先生や子どもたちがゲームを使いながら、算数やモンゴル語を学ぶという利用価値があるプログラムを彼らが開発した」。実際に日常的に使用している人々のニーズにあった形で開発する。本当の意味でのグレート・コントリビューションだと思いました。

二点目は、現地の先生の話で「彼らがここにきて、モンゴルで四ヵ月働く過程で、日々の仕事を通してとても学ぶことが多かった」という点です。技術面だけでなく、生活面でも、文化面などもです。現地の先生は、学生の姿を見ていて、それは自分にとっても良いことだと思ったとおっしゃっていました。

図Ⅲ-15　山口教授

三点目、どういう評価を得ていたのかわかりますか？　一点目は貢献、二点目は学んだという話でした。三点目はシンプルですが、「They all had a good character」性格が良い、という評価です。私は長年開発に従事していますが、これは大変重要な要素で「皆さんとても素直で、一生懸命である」と言われたのは賞賛に値すると思います。たとえば失敗があっても、相手に一緒にやっていこうという気持ちにさせる。とても大切だと思います。私は、この三点が心の中に残っています。とてもポジティブなコメントだったと思います。

次に「中古ＰＣの導入」です。実は中古ＰＣを持っていって導入することは、珍しいことではないんですよ。では何が新しかったと思いますか？　関学だけでなく他でもやっています。なぜ関学の取り組みがこれほど喜ばれているのか、何が違うと思いますか？

「モンゴルという国はどういうところなのか？」。実際そこにつきるのですが、コンピューターを集めてお金を払って、輸送費を出して送る国はたくさんあります。しかし、そこに人材を付けて現地に導入し、現地の人と一緒に何かを作ったり、トレーニングまでおこなうというのは、なかなか起こらない過程です。ラオスでも、今、さかんにＩＣＴ導入が謳われ、いろいろな国から中古

ＰＣが送られてくるのですが、英語使用のままのもの、多くの電力を消費するものなど、半数が使い勝手が悪いものです。学生が開発まで手がけて、どんな形のプログラムならば現地の人が長く使えるのか、そこまで考えて実施された中古ＰＣの導入だから、貢献度が高かったのです。ですから、学生が現地に行って送った機材を活用して活動をするのは、ただ機材を送ることに比べ、比較できないくらいの付加価値があります。それが私にとって大変印象的だった二点目です。

三点目は、フィリピンのケースにも応用できると思いますが、「なぜ若い時にこうした経験をすることが良いのか？　なぜ外に出るのが良いのか？」という点です。皆さん、いかがですか？

有田　若ければ多少強引なことを言って失敗しても、大目に見てもらえるからでしょうか。

山口　修正が効くということですね。私は開発に携わって一六年になるのですが、やはり開発は積み重ねだと思います。まず最初は専門分野での積み重ね。そして現地で作業を繰り返す。そうやって学ぶことのできる実用的なスキルがたくさんあります。二点目は体感すること。先ほど経験が重要と言いましたが、経験を積み重ねることによって体感に変わっていく。

体感とは、実際の経験を通じて自分の心で感じて「これが自分の意見なんだ」という自信に繋げていくことです。これを若い頃から積み重ねると、自分の意見に自信が持てるようになります。若い頃からいろいろなことを積み重ねた経験は、やはりかけがえのないものです。

発表の中で「リナックスのことを全然知らなかった。でも実際に勉強して、モンゴルの現地で使い勝手を良くしていった」という報告がありました。若いのでたくさんのことを吸収して、自分を変えることができる。その過程が重要だと思います。そしてもう一つ、若い時に外に出るのは人間関係の構築のために大切です。私が今までの開発分野の経験から学んだことは、人間関係がプロジェクトの成功に重要な位置を占めるということです。

人間関係は信頼関係で成り立っているものです。一九九三年のモンゴルについては、村田先生もよくご存知だと思います。なぜなら大変苦労された時代であったからです。ちょうど社会主義経済から資本主義経済に変わる過渡期でした。モンゴルは旧ソ連から独立し、それは良かったのですが、同時にコメコンという経済体制も崩壊したため、外からのサポートがまったく無く、食べ物ばかりか、コピーをする紙やインクもなかなか手に入りませんでした。

　そんな状況で教育セクターはどうなったかというと、その当時一緒に苦労して頑張ってきた人間が流出しないで、いまだに教育省や大学等で働いているのです。他の国のケースに比べて、モンゴルではその割合が高かった。私は九六年にモンゴルを離れて、もう一度大学で勉強し直しました。その時は、モンゴルの人たちともう一緒に仕事をすることはないだろうと思っていました。

　しかし、五年前から東工大で働くことになり、モンゴルの遠隔教材導入プロジェクトにユネスコと共に参加しています。八年ぶりにモンゴルに戻ってきた時、「山口が戻ってくる」というメールが飛び交ったと聞いています。実際に一緒に苦労してきた時の人間関係、人脈、その時築きあげた信頼関係というのは今でも続いていて、本当に知りたい情報が入ってくる、正直な意見が言える。とても働きやすい環境です。

　最後に、西野さんのコメントを聞いて、私も教師として学ぶことがあると思いました。理工学系の学生の教育に携わっている分野の教員の感覚として、学生にリナックスの知識が無いとわかったら、その時点で「彼らには無理だ」と決めつけてしまう節があると思います。それを、先生方の時間を費やして、学

コメコン（COMECON : Council for Mutual Economic Assistance）
経済相互援助会議。ソ連および東欧社会主義諸国の経済協力機構として、一九四九年設置。のちにモンゴル・キューバ・ベトナムなども加盟。九一年解体。

ユネスコ（UNESCO : United Nations Educational, Scientific, and Cultural Organization）
国連教育科学文化機関。一九四六年成立。教育・科学・文化を通じて諸国間の協力を促進し、それにより平和と安全保障に寄与することを目的としています。本部はパリ。日本は五一年に加入。

生のトレーニングをおこない、学生も頑張って、開発まで進めていけたのは、お互いの努力の賜物であり、素晴らしいと思いました。

裏で支える者として

村田 コーディネーターの先生方で、こんなふうに学生を指導したんだというようなコメントがございましたらお願いします。

吉野 平塚さんに対して事前トレーニングをおこなったのは私です。その前段階で、私自身がモンゴルに行く機会がありました。中古パソコン寄贈プロジェクトを進めるのであれば、どのような新展開がありうるのか。開発が必要というのであれば、何が必要なのか。このサクラ・プロジェクトを進めていくために、単に「来た仕事をやる／させる」のではなく、いろいろなことを一つずつつなげて広げていきました。学生が活躍する場を開拓して送り出すことができたのは、大きな経験でした。

実際には、学生を派遣した後も色んな問題が起こります。それに対して、緊急対処や協力等をしています。そのところを教員がチームワークでリモートでサポートする。ICTの技術の賜だと思います。

浅野　UNITeSで、多くの学生を見ていますが、派遣された学生が大きく成長しているなと感じます。明確な目標、与えられた大きな目標について、具体的な目標の一つ一つを皆さんが考え、責任感をもって果たそうとする。それが大きな成長の要因ではないかと思います。

　実際に現地に行って、責任感をもって仕事された方は非常に違う。大きく成長されたのではないかと強く感じます。また、このような貴重な経験を、他の学生に広げていくこと、共有してもらうことが大事です。大学の運営の上でもやらなければいけないことを、今後も考えていかないといけない。

伊角　私たち職員は裏方の仕事ですが、村田先生からの提案を受けて、我々も全学レベルで一緒にやりたいと始めました。始めたら、想像を超える種々の業務が出てきました。それを教職員が分担しながら、準備をしてきましたので、もっと多くの学生にチャレンジしてもらえたらと考えています。

　もう一つ、職員は事務室で仕事をするのがメインですが、このボランティアが始まってしばらくしてインドネシアで大地震が起こり、スリランカ付近に派遣されていた学生がもう少しで津波の被害に遭うところだったことがありました。関西学院ではクリスマス休暇中でしたが、村田先生から連絡をいただいてから、毎日テレビの前で様子を見ました。コンピューターで連絡をいただいたり、情報収集にあたったり、スカイプを使って連絡を取ったりと、それまでに経験したことの無いような休暇でした。仕事を通して、世界の情報がこれだけ身近に感じられたことはなく、常時注意していなければいけないと実感させられました（詳細は第2章参照）。

最後に　フリー・ディスカッション

村田　ここからはフリー・ディスカッションです。初めに私から質問をしましょう。ご両親はＵＮＩＴｅＳ派遣に関してどのような反応をしましたか。

有田　両親は特に驚きもなく「ああそうなんか」と。これまでも休暇を利用してアラブ等に行っていたので、「今回はフィリピンか」という様子でした。帰国して迎えに来てくれた空港で「あんた少し太ったんちゃう」と言われ、ショックでした。

佐伯　私もそれまで自分でやりたいことをしてきたので、特に何も言われませ

図Ⅲ-16　村田教授

んでした。

小林　私は、母にはすぐに話したのですが、父にはなかなか言い出せませんでした。言った時には「もう決めたんやろ」と、なかば反対するのを諦めた感じでした。

佐久間　私は反対されました。帰国後はＵＮＩＴｅＳに応募する時から「やめてほしい」と言われていました。「よく行ってきたな」と言われました。

村田　フォローアップの質問ですが、評価の話が先ほどありました。色んなところで、評価手法の開発が進んでいます。評価学会というのがあって、私もその会員なのですが、どういう指標で計るのかが難しいと思います。皆さん、自己評価として、派遣されて何が変わったかを教えてください。

東郷　私は文学部でＩＴの知識が無く、メールを触ることもあまりなかったので、派遣前は母からも「ＩＴできへんのに、行ってなにするん？」と言われました。行ってから勉強することも多く、やってみたら意外とできることがわかりました。現地に着いてから、知り合いもいなくて、何をすればいいのかもわからない。言語もわからない。知らない世界に放り込まれて、でも、タクシーのおじさんとも話して、友達もできた。何でもやってみないとわからない。

図Ⅲ-17　子どもたちと遊ぶ派遣生
（2004年度秋学期派遣スリランカ）

チャンスを逃がさないことが大事だと思いました。

平塚　うちの親は「モンゴル行ってくる」って言った瞬間に「じゃあ帰ってくるな」と。派遣されてから、「これをやれ」というよりも「何がしたい？」。ステップアップも含め、これからのキャリアで何がしたいのか、頭の中で考えられるようになりました。

有田　変わったところは二つあると思います。一つはインプット・オリエンテッドに終わらず、アウトプットを出すことについて。もう一つは外部要因に対して、すごく強くなったことです。現地でプロジェクトを進めていると、自分には予想できないことが起きますから、いかに打たれ強くなって仕事を推進できるか。驚くものが、何にもなくなってきたんじゃないかと思います。

小林　まず一つめが、自分にできることと、できないことを見極める。そして、できないことを何とかできる方法はないかと調べる。そして、報告・連絡・相談をしっかりすることです。UNITeSの派遣が決まって、広告デザインなどができるフリーソフトの使い方を日本で練習しました。また、できるだけ自分から動いていくことが大事だと思いました。現地では無駄に時間が過ぎてしまいがちなので、これ以上無理と判断したら先生方や国連の方に相談する等、ステップを見極めていかないといけないと思いました。

佐久間　私が一番変わったのは、冷静に物事を見ることができるようになったことだと思います。異文化の中で何かをするには、冷静に状況を判断し、行動しなければいけない場面が多くありました。自分のキャリアを考えるうえで、度胸がついたように思います。また、仕事に関わることで何かを実現するために、色んな人に声をかけなければいけませんでした。そんな時に物怖じをしているわけにはいかず、度胸がついたと思います。

村田　最後に私から総括です。皆さんから「自分が変わった点」を聞いていて、「国連のスタッフに聞かせてあげたい」と思います。皆さんが感じたこと、それを学生の間に感じられるのは素晴らしいことです。うちの学生に聞かせてあげたいなというのが第一印象です。若い頃に、自分を今までとは違ったところにおいてみることこそ大事だ、という私の持論を証明してくれたようで、私自身も嬉しく思いました。

日本の国内でも格差があります。皆さん、一日一ドルで暮らしたことはありますか？　二ドルで暮らしたことはありますか？「百聞は一見にしかず」です。まずは飛び込む。もちろん、教職員や現地の方のサポートや応援があっ

図Ⅲ-18　聞き取り調査をおこなう派遣生
（2006年度秋学期派遣モンゴル）

て、今があります。

現在、大学改革が叫ばれています。ただ単に学問を追究するのではなく、問題解決の糸口になるための実践、それをもって社会に出る。彼らは大いに羽ばたいていくのです。

今や国連の中でも、関西学院のＵＮＩＴｅＳボランティア・プログラムは認知され、期待されています。ピラミッドを逆にして、恵まれた特権階級＝私たちにとって、どんなプロジェクトができるのか、どんなふうに手をさしのべることができるのか、大きな課題ではないでしょうか。

最後に、派遣された学生の皆様に大きな拍手をして、終わりたいと思います。

せていくことに難しさを感じる反面、面白さややりがいも感じています。

Q：これから国連をめざす人に、メッセージはありますか?

A：関西学院大学の先生、職員、学生の皆様のボランティアに対する理解の深さ、そして、行動力にはいつも感謝しております。今後とも引き続きボランティアリズム並びに国際協力に対するご理解、ご協力をお願いしたいです。このことが、この業界で働くための根底にあるべきだと考えていますし、これがなければ、国連で意味のある仕事ができるとは思いません。

ワンワールドフェスティバル会場で UNITeS 生と（長瀬氏：右端）

column 6 国連で働く日本人

国連ボランティア計画（UNV）東京事務所駐在調整官長瀬慎治氏とのQ＆A

Q：ご自身の略歴を教えてください。

A：米国オハイオ大学大学院文理学部政治学科を修了後、愛知県の私立大学にて事務職員として留学生の生活支援業務に携わりました。2001年1月より国連ボランティアとして、東ティモール独立のための住民登録、選挙支援活動を担当し、2002年10月より国連開発計画サモア事務所にてUNVプログラムオフィサーとしてサモア、クック諸島、ニウエ、トケラウの4カ国のUNVの活動全般の運営・管理に携わってきました。2005年8月より「ほっとけない世界のまずしさ」事務局にて事務局長補佐、事務局長代理を歴任し、2007年4月より、国連ボランティア計画東京事務所に勤務しています。

Q：どのようなきっかけで、国連で働くことになったのですか?

A：国際政治の勉強をしていたので、国連の活動については知っていましたが、自分が国連で働くことになるとは思っていませんでした。大学職員の契約が打ち切られることになり、東ティモールでの国連ボランティアの募集に応募し、合格したのが国連で働くことになったきっかけです。これ以外の求人にも応募しましたが、最も熱意を持って面接での質問に答えることができたのが、UNVの面接でした。

Q：国連での仕事について教えてください。どのような業務を担当しているのですか?中でも、大変なことは何ですか。また、おもしろいことは何ですか?

A：UNVの関西学院大学様を含む日本のパートナーの方々との関係維持と発展のための日々のコミュニケーション、日本でのUNVに関する広報活動、そして邦人国連ボランティアの方々の送り出し業務等、UNVに関する日本国内業務全般を担当しています。

国内におけるUNVの露出については、私の活動内容が直接反映するところですので、とても責任とプレッシャーを感じます。活動のためのリソースがほとんどないことも大変です。

稀少な資源の中で、いかにUNVをより知ってもらい、リソースを獲得していくか。まだまだやれることはたくさんあると思っているので、それを日々実行に移していくこと。そしてUNV全体としての新しい方向性（「開発のためのボランティアリズム」）について多くの方々に理解をいただき、支援していただくための地道な活動を継続さ

第4章

派遣学生が発揮した情報通信技術（ICT）スキルについて

豊原法彦

関西学院大学経済学部教授・前UNITeSプログラム・コーディネーター

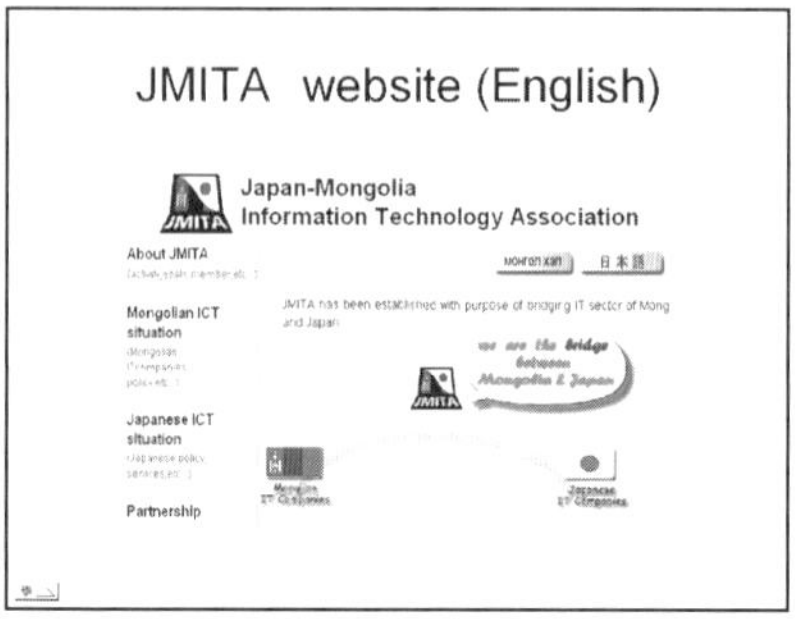

(a)

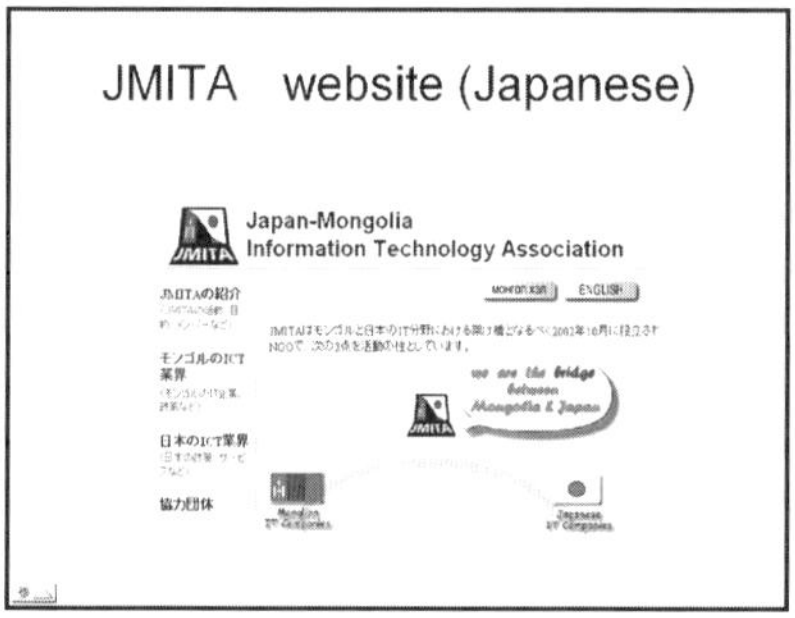

(b)

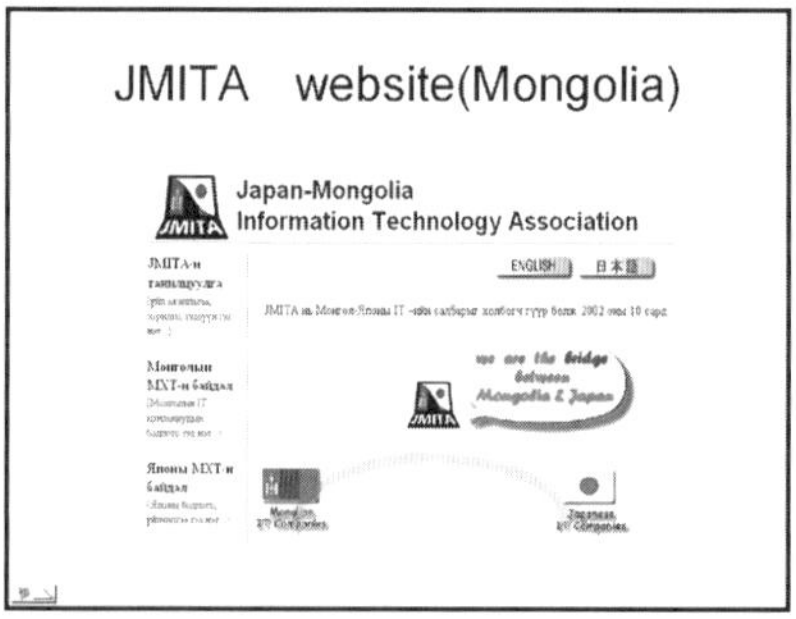

(c)

図Ⅳ-1　(a) JMITAのトップページ英語版、(b) 日本語版、(c) モンゴル語版
(同じ内容のものを3つの言語で作成)

この章では、学生たちが現地でおこなってきたＩＣＴの成果について、まとめておきたいと思います。彼らに何ができて、何ができなかったのか。それを把握してこそ、次のステップにとりかかることができるというものです。

まず、二〇〇四年度から二〇〇七年度までに彼らが果たした具体的な貢献は、大きく以下の四種類に分けることができるかと思います。

(1) ＷＥＢサイト、ポスターの作成
(2) データベース作成
(3) 教育支援と教室の運営
(4) ソフトウェア開発

以下、順に説明していきましょう。

(1) ＷＥＢサイト、ポスターの作成

どの派遣先でも、現地でのＷＥＢサイト作成に対するニーズは非常に高いものがありました。そこでは、まず使用言語を決めなければなりません。たとえば、国内向けにプロジェクト参加者を募集する場合などは自国語、海外に向けて情報発信する場合には、日本語、英語が用いられました。実際に現地の言葉

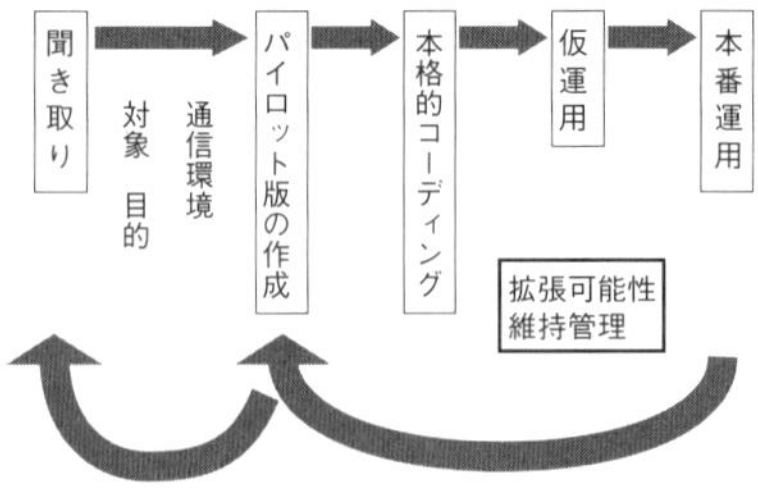

図Ⅳ-2　ＷＥＢサイトの作成手順

での開発をする場合には、先に英語版を作成し、それを元に現地学生の助けを借りて翻訳するという方法をとりました。

ＷＥＢサイトの一般的な作成手順としては、まず「どんなサイトを作りたいのか？」「その対象は誰か？」についてヒアリングをおこないます（図Ⅳ－２参照）。同時に、現地の通信環境を検討することから作業が始まります。目的によっては、サイトを汎用性の高い構造にする必要がある場合もでてきます。また、通信環境は途上国の場合、一〇年前の日本の状況と同様にインターネットへのダイアルアップ接続が多く、画像を多用するサイトを作ると有用性が低下しかねません。さらにはアクセシビリティ（利用しやすさ）についても配慮が必要です。

次に、ヒアリングの結果と通信環境を把握したうえで、全体の構成、各パーツの関係、展開状況を提示するためのパイロットモデルが作られることになります。この段階のモデルでは、若干の冗長性を持たせておくことが肝要です。これは発注者である派遣先の担当者が必ずしも初期段階から完成イメージを描ききれていないことが多く、いわゆる「走りながら考える」状態になりがちであるからです。現地で啓発ポスターを作成する場合も、同様のプロセスを経て作業を進めます。

現地の対応者からパイロットモデルについて了承が得られると、本格的なコーディング（作成）をおこなうことになります。その際、プロジェクトの持続可能性を考えて、サイトを更新するための技術を移転しやすいものに設定するよう注意しなければなりません。そのためには、徹底して小さな部分に分けて作成すること、そして現地の人のためのマニュアルづくりが求められます。

(2) データベースの作成

ICTの有効活用として、次にあげられるのがデータベースづくりです。派遣学生が実際に作成した例としては、二〇〇四年末のスマトラ沖大地震の際（三一頁参照）、津波からの復興援助がおこなわれているスリランカで、多数のボランティアのマネージメントにかかわるデータベースがあります。またフィリピンでは、ボランティア志願者と受け入れ機関の間のマッチングに関してデータベースを作成しました。モンゴルでは、一村一品運動や、講習会の受付システムなどについてデータベースを作成しています。

WEBサイト作成と同様に、実際の作業では、データベースそのものを作成する前に、まず、対象とすべき情報の質と量や、その情報を使ってどんな業務をおこないたいのか、ヒアリングから始まります。ヒアリングに十分な時間をかけることができた案件は、結果的に作業がスムーズに進みました。

一般的に、データベース作成というと、つい大規模なＲＤＢ（リレーショナルデータベース）が想像されます。現地から事前に送られてくるＴＯＲ（terms of reference：一八頁参照）にも、その様な記述が見られます。しかし、実際に現地で要件を定義していくなかで、総レコード数、項目数、さらにはメンテナンスのしやすさなどを勘案すると、エクセルなどの表計算ソフトに備わっているデータベース機能で十分なものもありました。

RDB
リレーショナルデータベースの略。多岐にわたるデータを集中的に管理する方式の一つ。一つの表にまとめられたデータをベースとし、複数のそれらをうまくまとめる（正規化する）ことによって、効率的に関係付けたもの、またはそのためのシステムを指します。

⑶　教育支援と教室の運営

このタイプの派遣業務としては、ＩＣＴ、日本語、英語などのクラス運営があります。それぞれ、受講生や進捗管理のためのデータベース作成と併せて、生徒のレベルに合った教材を作成します。たとえば、フィリピンではオープンソースソフトウェア（ソフトの設計図が公開され、自由に使えるソフト：四八頁参照）のオフィスソフト群を用いた教育がおこなわれています。その改定に

キャパシティ・ビルディング
能力開発。個人に関するだけでなく組織全体を含む場合もあります。計画が長期にわたるため法制度など社会的環境の整備が必須。UNDPはより広範な視点から「人間開発」の重要性も指摘しています。

あたっては、単なるレイアウトの変更だけでなく、現地での教育レベルを調査しながら各ソフトごとに、詳細な獲得目標を設け練習問題を作成するなど、継続性を考慮した教育プロセスを開発し、それを用いた教室の運営支援をおこないました。

またスリランカでは、LANケーブル設置、ネットワーク設定をはじめとしたパソコン教室の設営や、メンテナンスといったハードウエアにかかわる業務もおこないました。ネパールでは、派遣学生はキャパシティ・ビルディングを目的としたNGOで学生たちと同宿し、規定のクラスを担当するだけでなく、自由時間での学生の利用をサポートしています。

(4) ソフトウェア開発

より高いスキルが求められるソフトウェア開発業務もおこないます。たとえば、インターフェイスがモンゴル語化されたリナックス（Fedora Core2ベース）を作成しました。これに加えて、「KDE Edutainment」と呼ばれる教育ソフトウェア群（遊びながらコンピュータに習熟していくことを意図したもの）も同様の対応をおこない、言語にかかわるファイルとその設定を順次変更していきました。また、CDドライブから直接起動できる1CDリナックス（Slax-mn）を開発したことで、各マシンにインストールすることなく、モンゴル語環境を試用できることになりました。

実際の作業としては、（1）翻訳するファイル部分の取り出し、（2）実際の翻訳依頼、（3）変更されたファイルの格納、（4）ロケールの変更（基本の場合のみ）、（5）テストの段階に分けられます。人的マネージメントに関しては（2）のプロセスが肝要でしたが、（1）と（4）のプロセスでは、実際にどの種類のファイルをどのように変更すれば、矛盾なくシステムが更新されるかを調査、検討することが業務の中心となりました。

作業にあまり長い時間をかけられない状況下で、仕事を手際よく進めるためのポイントがいくつかあるようです。まず現地のニーズを的確に把握することと、いわゆるコンサルティング業務です。そしてプロジェクトが持続可能となるように、引き継ぎ文書を作成するなど、現地団体にきちんと技術移転することです。ネットワーク経由でのサポートも考えられますが、その際には的確な要求仕様書の作成が必須であることを忘れてはいけません。

http://www.kathmandutrainingcenter.org/

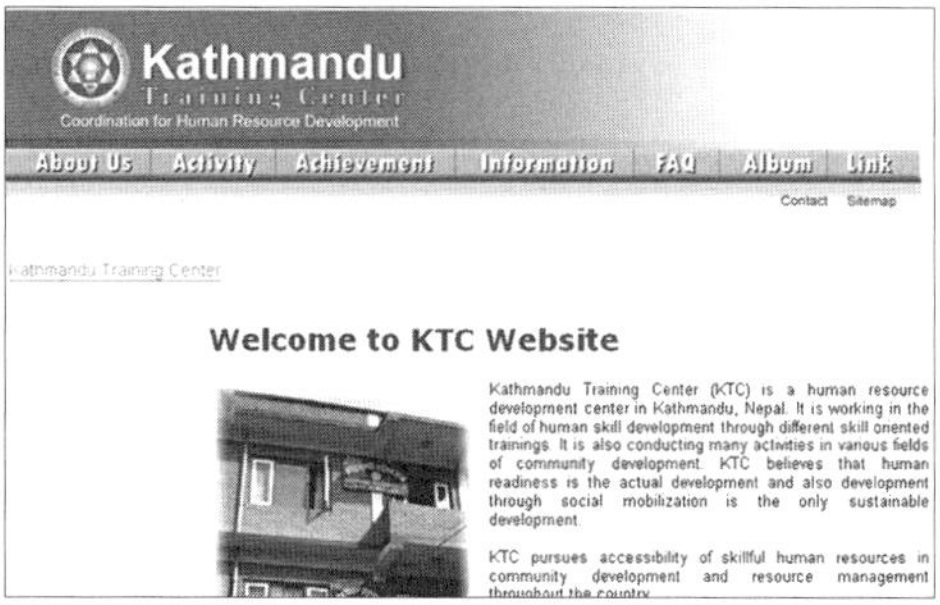

図Ⅳ-3　カトマンズトレーニングセンターの WEB サイト
（キャパシティ・ビルディングの業務の傍ら作成）

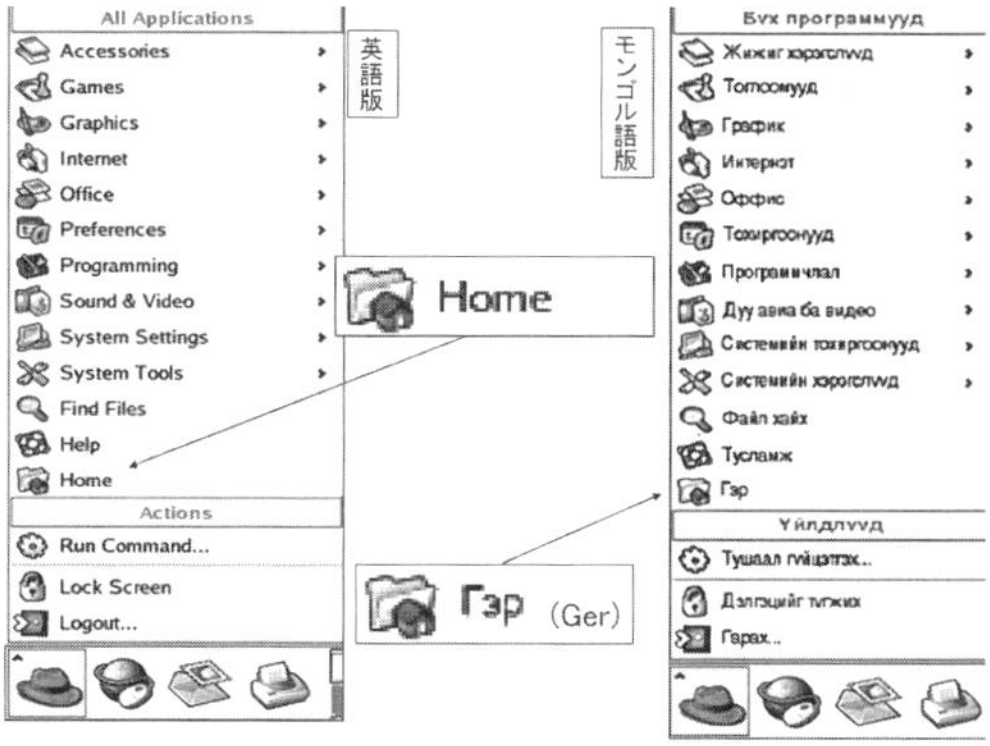

図Ⅳ-4　Linux メニューの比較
左が英語版で右がモンゴル語版（左の「Home」が右では「ゲル」となっています）

第5章

OB／OGからのメッセージ

村上　舞　二〇〇四年度春学期スリランカ派遣生

井口昌哉　二〇〇五年度秋学期フィリピン派遣生

筒井利行　二〇〇五年度秋学期モンゴル派遣生

岡田　恵　二〇〇六年度秋学期モンゴル派遣生

1　スリランカの小さな村でのＵＮＩＴｅＳボランティア活動

村上　舞　二〇〇四年度春学期スリランカ派遣生

私は、ＵＮＩＴｅＳボランティア・プログラムの一期生として、二〇〇四年五月から九月までの約五ヵ月間、スリランカのマーラムーラ村という小さな村に派遣されました。派遣前にＵＮＶ本部から受け持ったＴＯＲ（Terms of Reference）によると、正式な任務は以下の四つでした。

(1)　学校の子供たち（小中高生）にＩＴの授業を提供すること
(2)　学校の子供たちの論理的思考や読み書きを向上させること
(3)　現地トレーナーを育成すること
(4)　後継のトレーナーが使用できる教材を作成すること

シンハラ語
スリランカで話されている言語の一つ。タミル語とともにスリランカの公用語。スリランカの民族の約七〇%がシンハラ人です。

現地での主な業務は、一緒に派遣された他のボランティアとともに、現地のインストラクターたちと協力しながら、スタートとシャットダウンの仕方、マウス・キーボードの使い方、ワードソフトの操作など、パソコンの基本的な操作を現地の子どもたちに教えていました。さらに村の小学校で、小学生三～五年生に日常会話程度の英語と、算数の足し算・引き算・掛け算を教えていました。ITスキルの授業と小学校での授業をすべて合わせると、週に計約二〇時間の授業を受け持っていました。

しかし、いくらスリランカの第二外国語が英語であるといっても、現地の小学生に英語でITスキルや英語を教えるのは決して容易ではありませんでした。授業では英語を使用しましたが、ボディー・ランゲージは欠かせないものでした。一生懸命手振り身振りで教え、時には必要に迫られて、スリランカの母国語であるシンハラ語を覚え、生徒に指示することもありました。

UNITeSを振り返って

スリランカでの約五ヵ月間は喜びや感動もありましたが、失敗や反省するこ

図V-1　PC教室で授業をする各国ボランティアたち（スリランカ）

との方が圧倒的に多かったようです。プロジェクトのメンバーとの反省会やミーティングでは、グループ活動をする際の注意点を学ぶきっかけにもなりました。自分がいかに他のメンバーや周りの人たちに支えられていたか、実感することができました。忙しい日々でしたが、スリランカでは時間の流れが遅く感じられ、毎日が平穏に過ぎていきました。自分と向き合う時間も多くあったため、いろいろと考えることができました。また、現地派遣機関の人々はもちろん、ＵＮＶや関西学院大学の教職員の方々の支援と協力に非常に感謝しています。短い大学生活でこのような内容の濃い体験ができたこと、また日本では決して得られない体験ができたことを、貴重であったと感じると同時に、大変嬉しく思っています。

国際開発支援に関心のある皆さんへ

私はＵＮＩＴｅＳでの任務を終えてから、関西学院大学総合政策学部を卒業してイギリスの大学院（Newcastle upon Tyne University）に進学し、「環境法と政策」を勉強しました。大学院を修了して日本に帰国したのは二〇〇七年

図V-2　子供たちを指導する各国ボランティアたち
（スリランカ）

一二月です。現在は就職活動中の身ですが、ＵＮＩＴｅＳボランティア活動やイギリス留学などの経験を活かした職に就きたいと思っています。

自分の力を試したい人、新しいことにチャレンジしてみたい人、そして、国際協力、国際開発支援に興味を持っている人は、是非、ＵＮＩＴｅＳボランティア・プログラムに応募してみてください。そして現地の生活に浸ってください。気づかされることがたくさんあります。

2　UNITeSを振り返って思うこと
――フィリピンで農作業を体験しながらのITボランティア活動

井口昌哉
二〇〇五年度秋学期フィリピン派遣生

今から二年前、私はフィリピンのマニラからバスで約三時間のところにある、パンパンガ地域を拠点として活動している自然農法NGO「PBDARFI（Philippines Bio-Dynamic Agriculture Research Foundation Inc.）」に配属されました。このNGOは化学肥料を使用せず、自然を利用した循環型農業を実践、教育・普及活動している団体です。その活動は、月の満ち欠けを軸とした農作業のサイクルが基本です。

ここでの私の仕事は、毎回のセミナーで、トレーナーが画用紙に書いて生徒に指導していた教材をPPT（パワーポイント）で電子化したり、WEBペー

図Ⅴ-3　自然農法NGOの農園の事務所（フィリピン）

図Ⅴ-4　自然農法NGOの農園での農作業（フィリピン）

ジャパンフレットを作成することなどでした。農作業の活動内容だけにとどまらず、働いている人がどのような思いで農業に携わっているかについて、WEBページに反映させてほしいという要望がありました。彼らをより深く理解するために、私も彼らと共に田んぼを耕したり、田植をするなど、農業を実際に体験する機会もありました。

国連のイメージが一変

私は大学卒業後、現在、外資系のITメーカーに勤務しています。某大手通信会社およびそのグループ会社を対象に、担当した会社のインフラを構築したり、協同で教育機関や地方自治体等の公共案件に携わっています。今でこそIT業界で働く私ですが、UNITeSボランティアに応募した当時は、ITに興味があったわけではありません。むしろ自分で大丈夫だろうかという不安の方が強かったことを覚えています。

UNITeSに参加しようと思った動機は、より長く国際協力の現場を実際に体験したかったことです。私は国際協力を学びたくて総合政策学部に進学

Eco—Habitat関西学院

一九九六年に、非営利・非政府組織「Habitat For Humanity International（ＨＦＨＩ）」の日本最初の学生支部として、関西学院大学神戸三田キャンパスに設立されました。途上国での短期海外建築ボランティア（Global Village）、募金・啓発活動を目的とした日韓合同イベント（Cycling for Habitat）、学校や教会での活動報告会や貧困について考えるワークショップ、貧困・ＮＧＯ・途上国開発に関する勉強会、街頭募金やフリーマーケットによる資金集めなどの活動を行っています。

（http://www.ksc.kwansei.ac.jp/clife/circle/ecohabitat/）

し、Ｅｃｏ‐Ｈａｂｉｔａｔ関西学院という、途上国の貧しい地区を対象に、そこで家を建設するお手伝いをするサークルに所属していました。その活動で、約二週間という短い期間でしたが、現地でのホームステイを経験したり、文化交流をしたりしながら、国際協力の一端を垣間見ることができました。しかし、もっと長期間にわたって現地に入りこみ、活動したいという思いを強く持っていました。しかもそれが国連のプログラムということで、国連としてどのようなアプローチをしているのかを知る大変貴重な経験だと思い、ＵＮＩＴｅＳボランティア・プログラムに応募することにしました。

派遣先がサークルの活動で訪れたことのあるフィリピンだったこともあり、すんなりと現地の生活に入ることができました。また、短期間の活動では見落としていたことに気づくこともできました。様々な体験を通じて、大変貴重な時間を過ごすことができました。

さらに、動機の一つであった「国連が現場でどのように活動しているのか？」を間近で体験できたことも、大きな収穫でした。それまで「国連とはエリートばかりが集まった硬い感じの人たちが働いている」と思っていました。しかし漠然と抱いていたそうしたイメージは一変しました。国連職員の方々は

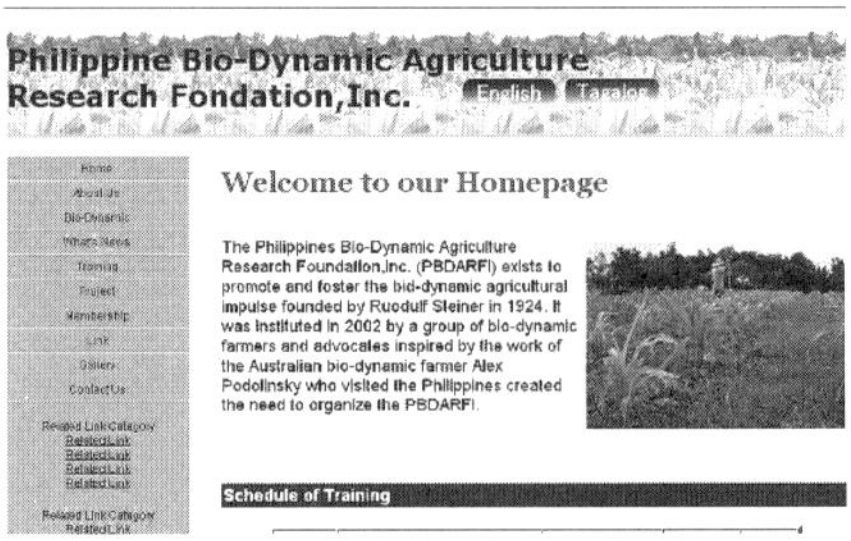

図Ｖ-5　自然農法 NGO「PBDARFI」の WEB サイト

非常にフレンドリーで、良い意味で軽いノリで、現地の人たちはもちろんのこと、私たち学生ボランティアにも接してくれました。その一方で、彼らは「現状を変えたい」という熱い思いを持っています。国連で決められた目標に向かって、どのように解決すればいいのか、真剣に話し合う場に幾度も立会いました。こうして、国連をより身近に感じることができました。

一人一人の小さな一歩が世界を変える

ＵＮＩＴｅＳボランティア・プログラムは、学生にとってまたとない機会であることは間違いありません。普通ならば大学生が国連ボランティアとして参加することはできません。関心がある方で、もし参加を迷っているのなら是非参加すべきです。自分に何ができるのだろうかと迷うこともあるでしょう。しかし、参加して初めて自分のできること、できないことがわかることもあります。また、そこで感じたことをその後に活かすことや、周りに伝えていくことも重要です。

国際開発や国際協力に興味はあるけど、どうすればいいのかわからないと考えている人こそ、参加してもらいたい。迷うだけで何もできないのであれば、目の前に参加できる機会があるのだから、一歩を踏み出してもらいたい。それはほんの小さな一歩かもしれないけど、その積み重ねが世界を変える重要な一歩になると私は信じています。

3　モンゴルでのファーストステップ
——気温マイナス三〇度　極寒のモンゴルで日本語を教える

筒井利行
二〇〇五年度秋学期モンゴル派遣生

社会人となった今でも、モンゴルでの四ヵ月を思い返すことがあります。私にとってモンゴルでの国連ボランティア活動は、社会人としての第一歩でありました。この活動を通して感じたこと、考えたことは、現在も仕事をしていく上で忘れることのできないものとなっています。

モンゴルNGOでの活動

二〇〇五年一一月、モンゴルのＩＴ振興を目的とするＮＧＯ、ＭＩＤＡＳ

図V-6　**NGOスタッフとオフィスにて（モンゴル）**

（Mongolian Information Development Association）に川田美樹さん（総合政策学部卒業）と共に派遣されました（第3章も参照）。そこで任されたのがIT企業向け日本語講座の開講でした。それまで日本語を教えたことなど、もちろんありません。ましてや社会に出たことのない私たちが、モンゴルのIT技術者にどうやって実用的な日本語を教えられるのか。まさに手探りの状態からスタートしました。まず現地の日本語教室を見学するなど、日本語の教え方を学ぶことから始めました。オリジナルのテキスト作りから広報活動、準備期間はあっという間に過ぎ、年が明けた一月、IT日本語講座を開講しました。全二四回、四八時間という、言語を学ぶにはあまりにも短い期間の中、できるだけ受講者にとって楽しく、有意義な講座となるよう試行錯誤を繰り返しました。

受講者の日本語を学ぼうとする意欲は凄まじく、短い期間であったのにもかかわらず、簡単な文章で自分の意思を表現できるほどまで上達しました。「将来日本とビジネス関係を作りたい。日本語を学ぶことは、そのファーストステップになる」そう話してくれた受講生の言葉は忘れることができません。

図Ⅴ-7　IT 日本語クラス（モンゴル）

熱い思いに触れて

モンゴルのＮＧＯで現地の方と一緒に仕事をしていると、彼らの「モンゴルをもっと発展させよう」「自分の力で何か変えよう」という熱い思いがひしひしと伝わってきました。朝から晩まで様々な会議に出席し、世界中、モンゴル中を飛び回る上司。仕事を二つ掛け持ちしつつ、日本語講座無欠席の受講生。一九歳でネットワークエンジニアとして活躍する学生。自分も彼らに負けないよう必死で仕事に打ち込みました。しかし、気持ちとは裏腹に、自分の専門性、力のなさを痛感することも多々ありました。ボランティアだからといって、何でも自分がしたいことをすれば良いのではなく、本当に相手が必要としているものは何か、そのために自分に何ができるのかを常に考えて行動することが必要だと思います。そのため、自分に何かしらの専門的知識、経験があれば、より幅広いボランティア活動ができたのではないかと強く感じました。

図V-8　IT日本語クラスの生徒たちと（モンゴル）

現在の仕事や課題

帰国後すぐ大学を卒業し、ガスを専門とする商社に就職しました。現在はLPG（液化石油ガス）の輸入を担当しています。ガスを輸入するためには、産ガス国や各国のトレーダーと交渉、調整しなければならないことも多く、迅速で柔軟な対応が求められます。「海外と関わる仕事」であるため、モンゴルでの経験は仕事を進める上での自信となっています。しかし、モンゴルで感じた「専門性を身に付けること」「経験を積むこと」の大切さを忘れずに、国際舞台で活躍できる人材を目指して日々努力しています。

モンゴルでのボランティア活動を通し、本当に多くのことを学ばせてもらいました。現在、仕事をしている中で、思い通りにいかないこと、辛いことは確かにあります。そんなときは社会人としての一歩を踏み出したモンゴルでの活動を思い返し、自分を奮い立たせるようにしています。モンゴルで受けた刺激の一つ一つが、今後何十年と働くための原動力となっていることは間違いありません。

4 NGO Academic Link
――先輩の成果を引き継いでさらなる開発に従事した五ヵ月間

岡田　恵
二〇〇六年度秋学期モンゴル派遣生

私は二〇〇六年の一〇月から二〇〇七年三月まで、モンゴルのNGOであるアカデミックリンクに派遣されていました。このローカルNGOは、JICAが二〇〇一年から二〇〇四年にかけて、モンゴルの教育IT支援としておこなっていた「サクラ・プロジェクト」を担っていました（四六頁参照）。サクラ・プロジェクトは、その後もこのNGOによって活動が続けられ、モンゴルの都市と地方における情報格差を縮小し、地方における情報通信技術（ICT）の教育環境向上に取り組んでいます。

私はこのプロジェクトの一環として、モンゴル語版教育アプリケーションソ

図V-9　UNVモンゴル事務所にて

図Ⅴ-10　地方学校へのモニタリング調査（モンゴル）

フトの開発に取り組みました。このアプリケーションソフトは、サクラ・プロジェクトを通じて、モンゴルの学校に配布されたリナックス搭載のＰＣにインストールするためのものです。私が派遣される以前に、すでに六三校七〇〇台の配布実績がありました。リナックスとはマイクロソフト社のウィンドウズ（Windows）のようなオペレーティング・システム（ＯＳ）の一種で、自由に使用、配布、開発できることが大きな特徴です（四六頁の頭注参照）。過去にモンゴルに派遣された関西学院大学ＵＮＩＴｅＳボランティア・プログラムの派遣生が、リナックスのモンゴル語化に成功していました。そのモンゴル語版リナックス上で使用できる教育用アプリケーションソフトを探し、そのソフトをモンゴル語化することが私たちの業務でした。

派遣期間中には、アプリケーションのモンゴル語化作業だけでなく、過去に配布されたＰＣのモニタリング調査のために地方へ出張する機会がありました。また、自分たちが開発したモンゴル語版リナックスを広めるために、セミナーを開催するなど、多くの貴重な経験をすることができました。

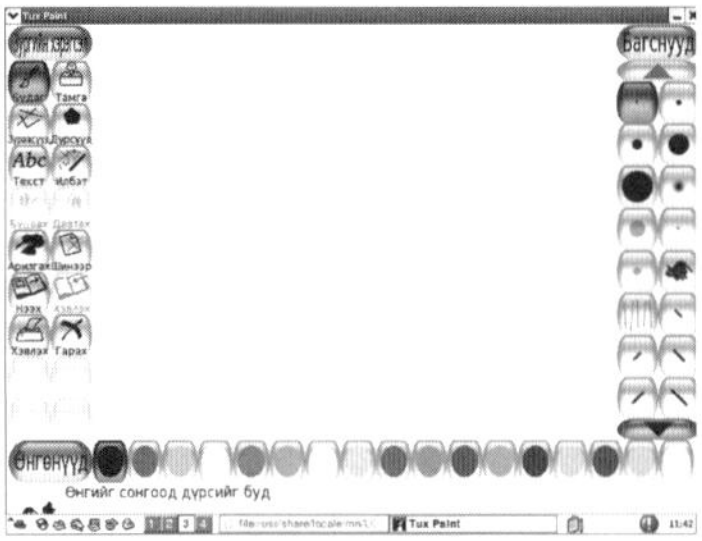

図Ⅴ-11　モンゴル語化したお絵かきソフトウェア

帰国後すぐにＩＴ関連部門に就職

四回生の秋学期に派遣されていた私は、卒業式の直前にＵＮＩＴｅＳボランティア・プログラム派遣を終え、帰国後間もなく、金融機関のＩＴ部門に就職しました。現在は東京で働いています。社会人一年目ということもあり、また私自身研修中のため特定の業務には就いていません。しかし、職場はＩＴインフラ全般に渡る幅広い業務内容でインターナショナルな環境のため、ＵＮＩＴｅＳボランティア・プログラム派遣で培った経験や、知識を活かす機会が多いと感じています。

ＵＮＩＴｅＳ派遣から丸一年が過ぎようとしていますが、ＵＮＩＴｅＳでの経験は、私にとって、とても貴重で有意義なものでした。派遣期間中は毎日があっという間に過ぎ、派遣の意義や自分に対する影響を振り返る時間も余裕もなかったように思います。今振り返ってみて改めて思うことは、派遣期間は、毎日がとても充実しており、楽しかったということです。

もちろん異国の地で働くということは簡単ではなく、自分の考えているとおりに事が進まないこともありました。しかし派遣を通して、社会で働くという

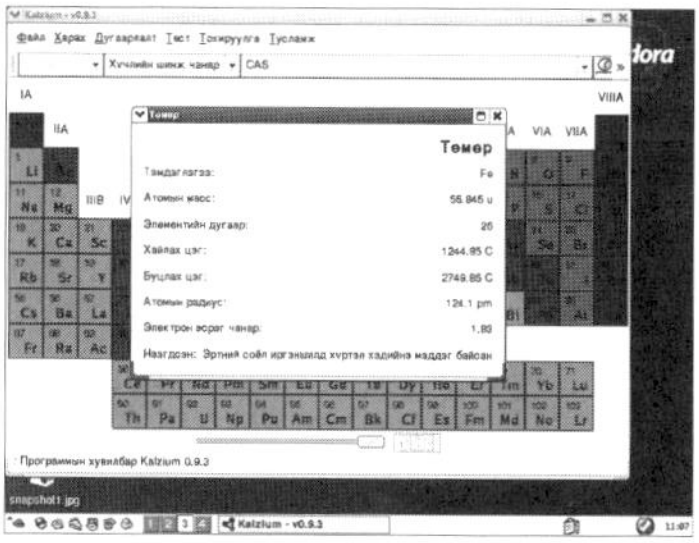

図Ⅴ-12　**モンゴル語化した化学記号ソフトウェア**

ことの難しさとともに、その大切さを学んだように思います。

志を高く、柔軟な気持ちで挑戦を

ＵＮＩＴｅＳボランティア・プログラムへの参加を希望される皆さんは、高い志を持って参加されることが多いと思います。ＵＮＩＴｅＳボランティア派遣は充実したプログラムで有意義なものでした。しかし派遣期間中は楽しいことばかりではありません。派遣される国の大半は、普段私たちにとってなじみのない国です。それゆえに、自分の慣れ親しんできた環境とは異なる環境に適応することに、戸惑うことがあるかもしれません。また、派遣された機関の方と協力しながら、プロジェクトにおいて成果を挙げることも求められます。これから応募される方、また派遣される方にはそれらの困難さえも楽しい、面白そうだと思えるような人であってほしいと思います。志は高く、常に柔軟な気持ちを持って、より多くの人たちに挑戦していただけたらと思います。

最後に

ＵＮＤＰが期待する今後のＵＮＩＴｅＳおよび学生ボランティアについて

村田俊一

ＵＮＤＰ駐日代表・関西学院大学総合政策学部教授

column 7 国際機関で働くには

日本人国連職員といえば、1957 ～ 1997 年にかけて国連広報担当事務次長や人道問題担当事務次長などを歴任された明石康氏、そして、1991 ～ 2000 年に国連難民高等弁務官を務められた緒方貞子氏が広く知られています。2003 年 6 月末現在、国連で働く日本人（専門職以上）は 103 人です（http://www.unic.or.jp/）。ただし、国連は、望ましい日本人職員数の範囲をおよそ 300 人としていますから、より多くの日本人が国連職員となることが期待されています。

国連職員は、以下にあるような国連と下部組織、専門機関などに勤務して、ニューヨークやジュネーヴなどの本部の他、世界中の開発途上国で活躍しており、専門職と一般職に分けられます。さらに国連以外にも、様々な国際機関があります。

◆国連総会により設立された国連の下部機関

国連開発計画（UNDP）、国連環境計画（UNEP）、国連人口基金（UNFPA）、国連難民高等弁務官事務所（UNHCR）、国連大学（UNU）、国連児童基金（UNICEF）、国連婦人開発基金（UNIFEM）、世界食糧計画（WFP）など

◆専門機関

国際労働機関（ILO）、国連食糧農業機関（FAO）、国連教育科学文化機関（UNESCO）、世界保健機関（WHO）、国際民間航空機関（ICAO）、万国郵便連合（UPU）、世界気象機関（WMO）、世界知的所有権機関（WIPO）など

◆その他の国際機関

国際原子力機関（IAEA）、世界貿易機関（WTO）、経済協力開発機構（OECD）、アジア開発銀行（ADB）など

国際機関職員になるために求められるものは、基本的に以下の 3 つです。

（1）語学力 : 英語もしくは仏語で職務遂行が可能であること

（2）学位 : 修士号以上の学位があること

（3）専門性 : 学位取得分野での勤務経験など

国際機関職員（専門職）に就く代表的方法は、①空席公告への応募、②採用ミッションへの応募、③試験による若手職員募集への応募です。外務省では、国際機関人事センター（http://www.mofa-irc.go.jp/）を設置し、日本人の国際機関への就職を支援しています。、国連をもっと知りたい、貢献したいと考えている人には、日本人職員の対談やフィールドで活躍するエッセイ等を紹介する国連フォーラム（http://www.unforum.org/index.html）が参考になるでしょう。

関西学院大学は、二〇〇三年一〇月に日本の大学機関としては初めて、国連開発計画（ＵＮＤＰ）の下部組織である国連ボランティア計画（ＵＮＶ）との間で、学部生・大学院生を国連情報技術サービス（ＵＮＩＴｅＳ）ボランティアとして派遣する協定を締結し、これまでに発展途上国へ計四〇名の学生を派遣してきました。ＵＮＩＴｅＳボランティアとして海外に活動する場を得た学生は、パソコン教室設営・運営から基本ソフトの開発、ＷＥＢ制作やデータベース構築などの現地のニーズに応じた幅広い分野で活動し、受け入れ先である現地ＮＧＯや国連機関から非常に高い評価を受けています。

三年間のパイロット事業を通じ、われわれは学生ボランティアの可能性、さらには日本と国連とのパートナーシップのために必要な人材育成の方法について多くの成果をあげ、今後の開発協力への学生・大学による貢献の可能性を以下のように示すことができました。

まず、学生の潜在能力の高さとそれを開発する重要性をあらためて認識できました。これまでに派遣された学生の多くは、派遣以前に途上国に住んだ経験もなく、また主業務となる情報通信技術（ＩＣＴ）の就業経験もありませんでした。それにも関わらず派遣先において幅広い分野で活動できたことは、学生が「学びながら働ける」というすばらしい能力がある証であり、国際貢献における新しい可能性を示しました。このことは、津波の被害を受けたスリランカで緊急援助に切り替えて学生が支援をおこなったことからも、見て取ることができます。

また、ＵＮＩＴｅＳボランティア・プログラムは優秀な人材や知識のリソースを持つ大学・研究機関が既存の制度を有効活用することにより、国際貢献できることを示しました。今回ボランティアを現地に派遣するにあたり、関西学院大学では学部を越えた支援体制で、留年することなく現地で活動できる枠組みを構築したり、奨学金制度などを充実させることに加えて、派遣先で必要となる実践的なトレーニング及びサービスを包括的に提供することで、学生が活躍できる条件を整えております。このことは今後同様の活動を各大学などの機関に広めていく上で、モデルケースとなることでしょう。

さらに、現地関係諸機関ならびに学生受け入れ機関による、十分かつ適切な就業機会の提供により、こうした学生・大学の活動が実を結んだことは、各組織の緊密な連携の下に開発されたものであり、教育と実践の新しいあり方を示すものができました。特に、学生の現地での適応能力を、ＩＣＴに限ることなく、他の方面でも生かすことによって、さまざまな開発分野に応用できることも実証できたと考えています。派遣されている学生たちは、バックエンドに控えている教職員、研究者からの指導、協力が得られますので、ボランティア活動における一層の質的向上が期待されます。それに加えて、派遣学生が帰国後に自らの活動を見直すことによって、いつの日か国際開発分野の最前線でリーダーとして活躍できる人材に成長することでしょう。さまざまな理由で直接にはこの分野に職を得なかった学生たちも、「ボランティアリズム」の重要性を現地で学習してきているので、きっと実社会で国際協力の重要性を広く伝える人材として育っていってくれると信じています。

このように、ＵＮＩＴｅＳボランティア・プログラムは大学にとって単位を発行する科目という基本的な位置づけを超え、そこにある各専門分野における優秀な人材や知識というリソースを、派遣した学生を通じて海外の必要とされている開発の現場で生かすことができるという契機となりえると考えることができるのではないでしょうか。そのためにも、開発分野におけるより多くの大学との有機的連携・協働関係の拡大、そしてプログラムの立案が求められているのです。

ＵＮＩＴｅＳボランティア・プログラムはＵＮＶ並びにＵＮＤＰが、その活動の現場において、人材育成の場を提供する可能性を示唆しています。平和構築の分野においては、すでに日本政府が広島大学に委託して二〇〇七年九月から実施している「平和構築分野の人材育成のためのパイロット事業」に、ＵＮＶ並びにＵＮＤＰをはじめとした関係国連機関が協力を開始しています。開発分野においても、ＵＮＩＴｅＳボランティア・プログラムのような枠組みを、もっと幅広い分野に拡げることによって、より多くの国際社会に貢献することのできる若い人材を育成することが期待されています。

以上のような将来のビジョンを描くことを可能にしたのはＵＮＩＴｅＳボランティア・プログラムに参加した四〇名の学生の皆さんをはじめとした関西学院大学の関係者諸氏の努力の賜物です。この四年間の経験の上に、国連機関との有機的な協働関係を日本の大学機関内で促進するためのさきがけとしてさらに活躍することを期待しています。

参考ウェブサイトリスト

◆国際機関関連サイト

アジア開発銀行（ADB：Asian Development Bank）

http://www.adb.org/

国際連合広報センター，http://www.unic.or.jp/

国連開発計画東京事務所

（UNDP：United Nations Development Programme）

http://www.undp.or.jp/

国連情報技術サービス

（UNITeS：United Nations Information Technology Service）

http://www.unites.org/

国連フォーラム，http://www.unforum.org/index.html

国連ボランティア計画（UNV：United Nations Volunteers）

http://www.unv.or.jp/

◆政府機関関連サイト

外務省国際機関人事センター

http://www.mofa-irc.go.jp/

外務省政府開発援助（ODA）

http://www.mofa.go.jp/mofaj/gaiko/oda/index.html

独立行政法人国際協力機構

（JICA：International Cooperation Agency）

http://www.jica.go.jp/Index-j.html

◆関西学院大学関連サイト

関西学院大学，http://www.kwansei.ac.jp/index.jsp

関西学院大学国連情報技術サービス（UNITeS）ボランティア

http://www.kwansei.ac.jp/Contents_426_0_205_0_7.html

参考文献リスト

国際連合（2000）『国連発見』国際連合広報局。

国連開発計画（2001）『人間開発報告書 2001：新技術と人間開発』国際協力出版会。

国連開発計画（2003）『人間開発報告書 2003：ミレニアム開発目標（MDGs）達成に向けて』国際協力出版会。

国連開発計画（2006）『ミレニアム開発目標』国連開発計画（UNDP）東京事務所。

UNDP（2007）Human Development Report 2007/2008, Palgrave Macmillan.

国際協力機構（JICA）企画評価部評価監理室編（2004）『プロジェクト評価の実践的手法―JICA 事業評価ガイドライン改訂版（国際協力叢書）』国際協力出版会。

川口順子／佐藤行雄／村田俊一／安井至／弓削昭子／ルクツォ・ヨゼフ・ムラパ（2005）『青山学院・関西学院合同シンポジウム：国連の将来と日本の役割』K. G. りぶれっと、関西学院大学出版会。

Appendix 1　予防接種

厚生労働省検疫局（http://www.forth.go.jp/tourist/vaccine-intro.html）では、海外渡航の際に、予防可能な感染リスクを防ぐために、渡航先や渡航期間、活動内容などに応じた予防接種を受けることを勧めています。独立行政法人労働者健康福祉機構海外勤務健康管理センター（http://www.johac.rofuku.go.jp/）でも、海外赴任者向けの渡航先国別の推奨される予防接種情報を提供しています。

関西学院大学UNITeSボランティア派遣生は、国際教育・協力センターが提供するこれらの情報をもとに、派遣地状況、派遣までの時間制約、接種費用、アレルギー反応などを鑑み、渡航前に予防接種を受けます。これまでのところ、破傷風とA型肝炎は全員が受けました。その他の感染症についても、必ず何を何回接種したかを国際教育・協力センターに報告します。

海外渡航時に推奨される主な予防接種

感染症	原因・症状	どんな時に必要か	接種回数	有効期間
破傷風	傷口に付いた土などから感染し、ほうっておくとけいれんをおこし、発症すると7割が死に至る。	海外への長期滞在者	3回（1ヵ月後、1年後）	10年間
A型肝炎	汚染された水や食べ物から感染し、高熱と黄疸がでる。	途上国への長期滞在者（長期・短期）	3回（2～4週間後、1年後）	10年間以上
B型肝炎	性感染症の一種で、感染者の血液あるいは体液から感染する。親から子への感染、注射針を介した感染なども知られる。慢性肝炎および急性肝炎の原因となる。	アジア、アフリカへの長期滞在者	3回（1ヵ月後、6ヵ月後）	10年間以上
日本脳炎	中国、インド、東南アジア等で流行しており、ウイルスに感染したコガタアカイエカに吸血されることによって発症し、高熱頭痛、意識障害がおこる。	東・東南アジアの農村地帯への長期滞在者	3回（1～4週間後、1年後）	4年間
狂犬病	欧米を含め世界に広く蔓延していて、感染した犬や野生動物等に咬まれることによって感染し、発症するとほぼ100%死亡する。	途上国への長期滞在者	3回（1ヵ月後、6ヵ月後）	2年間

これまでにUNITeS生が派遣された国への渡航で推奨される予防接種

感染症	東アジア	西アジア	東南アジア		南アジア		アフリカ中部
	モンゴル	キルギスタン	フィリピン	ベトナム	ネパール	スリランカ	マダガスカル
破傷風	推奨	推奨	推奨	推奨	推奨	推奨	推奨
A 型肝炎	推奨	(-)	推奨	推奨	推奨	推奨	推奨
B 型肝炎	状況次第	状況次第	推奨	推奨	推奨	状況次第	推奨
日本脳炎	(-)	(-)	農村部に長期滞在する場合は推奨	農村部に長期滞在する場合は推奨	農村部に長期滞在する場合は推奨	農村部に長期滞在する場合は推奨	(-)
狂犬病	犬や野生動物との接触が予想される場合には推奨	(-)	犬や野生動物との接触が予想される場合には推奨	犬や野生動物との接触が予想される場合には推奨	犬や野生動物との接触が予想される場合には推奨	犬や野生動物との接触が予想される場合には推奨	犬や野生動物との接触が予想される場合には推奨

出典：
厚生労働省，海外旅行者のための感染症情報，
http://www.forth.go.jp/tourist/vaccine-intro.html
独立行政法人，労働者健康福祉機構海外勤務健康管理センター，
http://www.johac.rofuku.go.jp

Appendix 2　UNITeS 生の持ち物とお土産

◆ UNITeS 生が推奨する持ち物リスト

【貴重品】　パスポート、航空券、現金（日本円・米ドル・現地通貨）、トラベラーズチェック（T/C）、クレジットカード、国際キャッシュカード、海外旅行傷害保険証、重要書類コピー（パスポート）、入国ビザ書類、証明写真（ビザ用）

【カメラ・電気用品】　変圧器、電気プラグアダプター、デジタルカメラ、腕時計、ノートパソコン、記録メディア（USB フラッシュメモリ、DVD-RW、ポータブルハードディスクなど）、カードリーダー、携帯電話・充電器

【衣類】　下着・靴下、T シャツ・セーター・カーディガンなどトップ、パンツ・スカートなどボトム（3 日～1 週間分）、スーツ・ドレス・革靴・パンプス（式典やパーティ用）、帽子、スニーカー、サンダル、ハンカチ

【衣類（冬のモンゴル編）】　オーバー・コート（フード付き）、マフラー、手袋（厚手、革かフリース製）、スノーブーツ、ズボン下など冬用下着

【その他】　洗面・入浴道具、髭剃り・化粧品、タオル、折りたたみ傘、懐中電灯、アーミーナイフ、爪切り・耳かき、サングラス、ポケットティッシュ、ハンドクリーム・リップクリーム、眼鏡・コンタクトケア用品、日焼け止め、常備薬・生理用品、筆記具・ノート、ガイドブック、会話集・辞書、写真（家族・友人、日本の風景など）、文庫本、ICT 関連本

◆**その他、持ち物に関する現地情報**

「国際キャッシュカードは便利。ATMで日本の口座から現地通貨を引き下ろすことが可能（フィリピン）」「現地の携帯電話を入手（全派遣国）」「案外、現地の人たちはおしゃれだった。洋服はもう少しおしゃれなものも持って行けば良かった（モンゴル）」「静電気防止具を持って行けば良かった。乾燥しているので、静電気がすごい（モンゴル）」「現地フリーペーパーは情報が豊富（ベトナム）」「音楽プレーヤーなど持ち物に注意。盗まれた（ベトナム）」「日本の文庫本は、日本センターで借り出し可（モンゴル）」「懐中電灯は必要。時々、停電が起きる。キャンプでは必須（モンゴル）」

◆**持って行って役に立ったもの**

【交流編】「指差し会話帳。もはや必須アイテム。タガログ語しか話せない人とも会話できる（フィリピン）」「指差し会話帳。モンゴル語に慣れるまで便利だった。ホストファミリーとの話題を提供してくれた（モンゴル）」「浴衣。パーティ用に使える。異文化交流にも（モンゴル）」「家族・友人の写真や日本の風景写真。パソコンに保存して持参。会話が弾んだ（フィリピン）」「相撲の本。モンゴル人との会話が弾んだ（モンゴル）」

【日本食編】「しょうゆ。まずいご飯でもしょうゆをかければなんとか食べられた（モンゴル）」「マスタードがホストファミリーに人気だった（モンゴル）」「ふりかけ。下宿の大家さんも気に入っていた（フィリピン）」「インスタントみそ汁。たまに飲む味噌汁が救いでした（モンゴル）」「日本食・調味料。日本食を料理すると、モンゴル人にものすごく喜ばれた（モンゴル）」「インスタント食品。疲れて料理したくないとき便利だった（フィリピン）」

【一方、こんな意見も…】「現地の食事になじめたので、手をつけなかった（モンゴル）」「現地の食事が大好きで、ほとんど食べなかった。残った日本食品を処理するのに困った（モンゴル）」

【極寒の地：冬のモンゴル編】「防寒具。現地調達も可能だが、日本製の方が良質」「ティンバーランドのブーツとズボン下は重宝した。ズボン下がないと外は歩けない」「冬ゴルフ用下着。高いけど暖かい」

【灼熱の地：ベトナム、フィリピン編】「虫さされの薬。とにかく蚊が多い（フィリピン）」「日焼け止め。日差しが強い（ベトナム）」「マスク。バイクの排気ガスがひどい（ベトナム）」

◆持って行って喜ばれたお土産

「浮世絵のプリントされたマウスパッド（フィリピン）」「扇子。しかし、ベトナムにもあった（ベトナム）」「三色ボールペンなど日本製文具は使いやすいと評判でした。折り紙もツルや紙風船を折ってあげると、とても喜ばれた（フィリピン）」「白玉ぜんざいの素。作ってあげたら、すごく喜ばれた（フィリピン）」「日本のおかし。でかいポッキーは受けました（モンゴル）」「カップ麺。特に、カップうどんには感動された（モンゴル）」「相撲の絵の書いてある手ぬぐい。モンゴルでは相撲は大人気（モンゴル）」「お菓子、飴、チョコレート。チョコレートはアーモンドが人気でした（モンゴル）」

【一方、あまり喜ばれなかったお土産も…】「ジブリグッズ。モンゴルでは、ジブリグッズが人気と聞いていたが、子供たちの反応はあまりなかった（モンゴル）」

○持って帰って来て喜ばれたお土産

【フィリピン編】「山岳民族の工芸品の木皿。料理が映える」「バナナケチャップ。甘いがおいしい」「バナナチップス。バナナが苦手な人も大丈夫」

【ベトナム編】「えびせん。自分で揚げるタイプのもの。おいしい」「ネクタイピン。良質で安い」「グリーンビーンズケーキ。きな粉を固めたようなもので、口に入れると粉末化する。変わっていて、受けた」

【モンゴル編】「カシミヤ製品。高級品、でも日本よりずっと安価。特に、マフラー、手袋はお勧め」「カザフ民族のアラフチ刺繍。刺繍がかわいく、女性に人気」「スモークチーズ。塩気の強い、ちぎるタイプのチーズ。お酒にすごく合う」「遊牧民の椅子。インテリアにぴったり」「白樺のお茶。やさしい味で、日本では健康食品として紹介されている。モンゴルでは100円ぐらいだが、日本で1万2千円ぐらいで売られていてびっくりした」

【一方、あまり喜ばれなかったお土産も…】「ドライマンゴー。現地ではおいしいと思ったが、日本で食べたらそんなにおいしくなかった。日本でも売っていた（フィリピン）」「Guyabanoというフルーツのジュース。怪しがって、家族の誰も飲まなかった（フィリピン）」「ベトコンヘルメット、傘帽子。超過料金まで払って手荷物で持って帰ってきたのに、みんなもらって迷惑そうだった。傘帽子はまだたくさん余っている（ベトナム）」「フェルト製品や雑貨。作りが雑で、すぐ壊れる。デザインがダサい（モンゴル）」「チョコレート。現地ではおいしいと思ったが、日本製の方がずっとおいしい（モンゴル）」

東郷知沙（2005年度春学期モンゴル、文学部3回生）

菅原　望（2005年度秋学期フィリピン、文学部4回生）

平塚健太（2005年度秋学期モンゴル、総合政策学部2回生）

小林万利子（2006年春学期フィリピン、総合政策学部3回生）

岡田恵・高橋亮・佐久間麻耶（2006年度秋学期モンゴル、総合政策学部4回生）

高橋真理（2007年度春学期ベトナム、総合政策学部2回生）

荒木文菜・奥山愛子（2007年度春学期モンゴル、総合政策学部3回生）

豊田恵子・田中功一（2007年度秋学期モンゴル、総合政策学部4回生）

（カッコ内は派遣時期、派遣国、学部、派遣時の学年を示します）

K.G. りぶれっと　No.22

学生たちは国境を越える

――国連学生ボランティアプログラム／国連情報技術サービス（UNITeS）の挑戦

2008年6月10日　初版第一刷発行

編　者　大江瑞絵　高畑由起夫
発行者　宮原浩二郎
発行所　関西学院大学出版会
所在地　〒662-0891
　　　　兵庫県西宮市上ケ原一番町1-155
電　話　0798-53-7002

印　刷　協和印刷株式会社

ISBN 978-4-86283-030-2

http://www.kwansei.ac.jp/press

関西学院大学出版会「K・G・りぶれっと」発刊のことば

大学はいうまでもなく、時代の申し子である。

その意味で、大学が生き生きとした活力をいつももっていてほしいというのは、大学を構成するもの達だけではなく、広く一般社会の願いである。

研究、対話の成果である大学内の知的活動を広く社会に評価の場を求める行為が、社会へのさまざまなメッセージとなり、大学の活力のおおきな源泉になりうると信じている。

遅まきながら関西学院大学出版会を立ち上げたのもその一助になりたいためである。

ここに、広く学院内外に執筆者を求め、講義、ゼミ、実習その他授業全般に関する補助教材、あるいは現代社会の諸問題を新たな切り口から解剖した論評などを、できるだけ平易に、かつさまざまな形式によって提供する場を設けることにした。

一冊、四万字を目安として発信されたものが、読み手を通して〈教え―学ぶ〉活動を活性化させ、社会の問題提起となり、時に読み手から発信者への反応を受けて、書き手が応答するなど、「知」の活性化の場となることを期待している。

多くの方々が相互行為としての「大学」をめざして、この場に参加されることを願っている。

二〇〇〇年　四月